En finir avec
la culpabilisation sociale

Elsa Godart

En finir avec la culpabilisation sociale

… pour être enfin libre !

Albin Michel

À mes étudiants en éthique médicale

et

À ces hommes tant aimés qui,
pétris de culpabilité et souvent abîmés de lâcheté,
n'ont jamais su décider, ni vraiment aimer.

« Nous sommes tous coupables de tout et de tous devant tous,

Et moi plus que les autres. »

Dostoïevski, *Les Frères Karamazov*,
cité par Emmanuel Levinas,
Éthique et infini.

« Pourquoi une maternité ne serait-elle pas malvenue ? Pourquoi la naissance d'une mère par la venue de l'enfant ne serait-elle pas ratée elle aussi par les paires de gifles de l'homme pour les beefsteaks mal cuits par exemple ? Comme la jeunesse peut l'être de même par la paire de gifles pour un zéro en maths. Quand elles ont un enfant qu'elles ne reconnaissent pas comme leur propre enfant, c'est peut-être qu'elles ne voulaient pas de cet enfant, qu'elles ne voulaient pas vivre. Et dans ce cas, aucune morale, aucune sanction ne leur fera reconnaître que cet enfant est le leur. »

Marguerite Duras,
« Sublime, forcément sublime
Christine V. », *Libération*, 17 juillet 1985.

« Mon cher Paul,

... après quatorze ans aujourd'hui d'une vie pareille, je réclame la liberté à grands cris... »

Lettre de Camille Claudel
à son frère Paul, 3 mars 1927.

Introduction

> « La seule chose dont on puisse être coupable, c'est d'avoir cédé sur son désir. »
>
> Jacques Lacan, *L'Éthique de la psychanalyse, Séminaire VII.*

Manger cinq fruits et légumes par jour ; bien trier comme il faut ses déchets ; entrer dans les codes sociaux et physiques ; afficher une vie réussie *in real life* ou sur les réseaux sociaux ; faire du sport ; avoir une vie sociale ; un amant sous la main ; afficher sa *cool attitude* ; assumer sa liberté et son féminisme jusqu'au bout des doigts… de pied (forcément vernis, ce qui vient couronner une jambe forcément épilée) ; sourire… sourire en permanence même quand tout va mal, même quand on a mal ; ne jamais se plaindre (c'est politiquement incorrect car cela montre qu'on est faible et surtout parce qu'il y a toujours quelqu'un qui souffre plus que soi et auquel il faut penser en premier) ; jouir comme il faut (est-ce que je passe assez de temps à parler à mon clitoris ?) ; avoir des opinions politiques et les affirmer (« Comment cela ? Tu n'es pas politisée ! ») ; être quelqu'un de « bien » et ne pas avoir de mauvaises pensées ; être un bon parent ; se cultiver en permanence (« Quoi ! Twitter m'interdit de partager des articles que je n'ai pas lus ! ») ; porter son masque en sortant, rester chez soi sous peine de contaminer et de tuer des gens ou alors de se faire tuer par d'autres gens (Covid-19 oblige !) ; ne plus toucher, ne plus embrasser… et bientôt ne plus parler. Se taire. Faire silence. Et ne plus bouger.

Mais voilà : entre ces injonctions permanentes, de plus en plus denses, étouffantes, envahissantes, et la réalité de mon existence, l'écart était si important que je ne savais plus très bien où j'en étais. Puis, surtout, une culpabilité croissante envahissait ma manière de penser et d'agir jusqu'à prendre peu à peu les rênes de mon existence. Plus encore, cette culpabilité s'accompagnait du sentiment de *ne jamais faire assez bien*. C'est un peu comme si j'étais en train de passer un examen permanent dont l'échec se répétait inlassablement, comme dans *Un jour sans fin*[1]. Vivre ainsi m'épuisait sans que je m'en aperçoive.

Il m'a fallu beaucoup de temps pour comprendre ce qui se jouait en moi. Et chaque jour qui passait me voyait redoubler d'efforts pour atteindre le sentiment de satisfaction intérieur de la réussite qui consistait à *bien faire*. Politique d'ubérisation personnelle, autoévaluation dévastatrice et surmoi aux aguets, je m'attribuais un regard juge, censeur, lointain écho du matraquage pseudo-moralisateur de la société contemporaine. Bien entendu, le soir lorsque je me retrouvais seule, après avoir couché les enfants, au moment où l'agitation quotidienne se calme, je contemplais tout ce que j'étais arrivée à « bien faire » ce jour et j'éprouvais un grand vide : pas un seul instant je n'avais interrogé mon désir. J'avais oublié de vivre. Je m'étais oubliée, un jour de plus. Puis je mesurais tout ce que je n'avais pas pu faire. Pas pu dire. Tout ce que j'avais pris sur moi, toutes ces colères et ces sentiments d'injustice qu'on refoule en permanence car ils sont inaudibles dans notre société, toute cette pulsionnalité qui nous rend vivants mais qui est totalement rejetée au profit de comportements normés et policés.

Puis il y eut ce rendez-vous à la PMI pour ma cadette à l'occasion d'un simple vaccin. La pédiatre qui nous reçoit ne prend pas le temps d'un sourire, ni d'une formule de politesse. Elle me demande de déshabiller ma fille et à peine lui ai-je ôté son T-shirt qu'elle me lance : « Je ne vous demande pas si elle mange bien, ça se voit. » Je reste bouche bée. Ma fille a vingt mois. La suite de ce rendez-vous ne fut qu'une succession de préjugés et de remarques, m'invitant à diminuer la nourriture pour cette petite (le mot « régime » ne fut jamais prononcé), interdisant les « bonbons » (elle n'en avait jamais mangé), exhibant la courbe de poids, pour que je « voie » par moi-même – comme si avoir ma fille sous les yeux ne suffisait pas. J'avais beau expliquer à cette femme que mon fils aîné avait eu la même courbe et qu'en grandissant il s'était affiné très naturellement, elle n'entendait rien. J'ai compris alors que c'est ainsi que peuvent naître les « complexes » et les « problèmes » avec la nourriture : par un regard, un simple regard-juge.

Je me souviens combien ce jour-là il a fallu que je me contienne pour ne pas exploser au visage de cette femme qui se contentait de croiser des chiffres avec des statistiques. Ma fille n'est pas une courbe. Je n'ai rien dit. Surtout pas que j'enseignais l'éthique médicale à des médecins. Mais, en partant, je lui ai rappelé tout de même qu'un rendez-vous à la PMI, cela peut aussi être un moment « agréable », un « joli » moment et qu'un sourire, un mot gentil ne coûte rien. Elle est restée sans voix, ne s'attendant pas à ce genre de réplique qui l'obligeait à sortir de son fonctionnement usuel et surtout du confort de ses habitudes.

Ce jour-là, j'ai décidé, au nom de ma fille, parce que je ne voulais pas lui faire porter le poids de regards ineptes et que je refusais qu'elle entre dans la vie avec ce type d'injonction que les filles puis les femmes connaissent trop bien… ce jour-là, j'ai décidé de rejeter le principe de culpabilisation que la société me faisait porter en permanence sans même que je m'en rende compte. Ce jour-là, j'ai décidé de vivre autrement, en commençant par interroger mon désir et surtout par faire usage de mon propre sentiment moral, que j'avais trop souvent occulté. J'ai commencé à réfléchir sérieusement sur la culpabilité.

Ce qui m'intéressait, ce n'était pas la culpabilité au sens psychologique, si chère à la psychanalyse, qui trouve bien souvent son expression dans le symptôme, mais plutôt la manière dont la société, avec ses injonctions et l'importance des regards-juges des autres, en vient à nous culpabiliser en permanence, donnant le sentiment d'entrer au cœur de nos comportements les plus intimes, façonnant l'air de rien notre propre sentiment moral, ciselant à coups de *moraline* gluante et de débats populistes notre surmoi. Ce qui m'intéressait, plus que la culpabilité personnelle, intime, celle qui se règle sur le divan (j'ai donné !), c'était les mécanismes sociétaux de la *culpabilisation.* Ce constat d'une société marquée par la culpabilisation est aussi celui du magazine *Socialiter* qui a consacré tout un dossier à cette grande question : « Faut-il se sentir coupable[2] ? ». Et ce constat est le suivant : « Reste qu'aujourd'hui la dose de culpabilité intégrée par tout citoyen semble tourner à l'overdose. Campagnes de dons ou de sensibilisation (*« Offrez votre sang, il n'y en a pas assez pour les malades », « Ne jetez rien dans l'océan, vous polluez »*), campagnes de prévention (*« Ce sera votre faute si votre ami décède après l'avoir laissé conduire en état d'ébriété », « Votre mère a des chances de terminer à l'hôpital si vous passez un moment avec elle sans respecter les gestes barrières »*), informations médiatiques, reproches de l'entourage… la culpabilité, omniprésente, traverse l'intégralité des sphères sociales et contamine l'ensemble des sujets[3]. »

Deux événements sont venus s'ajouter aux prémices de cette réflexion.

Le premier a été la crise de la Covid-19 avec le premier confinement, les choix politiques de santé, les injonctions encore plus grandes de se soumettre aux ordres du gouvernement et ce qui s'est ensuivi jusqu'à ce jour. À nouveau, en mars 2020, je me suis retrouvée confrontée à la culpabilisation avec une contrainte supplémentaire : j'avais le sentiment d'être face à un choix qui n'en était pas vraiment un : le gouvernement m'intimait l'ordre de ne pas sortir de chez moi, de ne plus bouger. Certes, je comprenais cette décision politique. Mais ce qui me dérangeait, c'est que je ne pouvais rien dire : *je n'avais pas la possibilité du doute, de la révolte, de la désobéissance.* Et pourquoi ? Parce que j'étais dans la situation d'une sorte de non-choix : bien sûr, il était possible que je désobéisse et que je sorte, que je ne porte pas mon masque (je n'ai jamais eu la peur du gendarme ni de l'amende) ; mais si je l'avais fait, j'aurais pris le risque de me contaminer et surtout de contaminer des gens involontairement. Cela signifiait que le doute, la désobéissance pourraient entraîner la mort (la mienne ou celle d'autrui). Aurais-je pris un tel risque au nom de ma liberté ? Certes non. Alors, avais-je le choix ? En apparence, oui, mais dans le fond, absolument pas. Et de quelle sorte de liberté s'agit-il ?

C'est ainsi que je me suis confrontée à la question du *choix contraint* et de la culpabilité qui en découle : la culpabilité est une des contraintes propres à ce type de choix paradoxal. Culpabilité et responsabilité se trouvent liées. J'ai appelé ce type de culpabilité spécifique au choix contraint la *culpabilité de contrainte* (*guilt of coercion*). Je constatais également que la conséquence immédiate quand on est face à cette culpabilité est la *soumission*, une *soumission volontaire.* J'étais devenue une *soumise*, je me soumettais volontairement, par choix, par *choix contraint.*

Il m'est alors apparu que nous sommes dans une société aux mécanismes culpabilisateurs forts dont l'enjeu est la soumission volontaire avec pour leviers le *choix* et la *culpabilité de contrainte.* N'oublions pas que la force de la culpabilité réside dans le fait qu'elle pousse à l'acte immédiatement pour *réparer la faute.* Ainsi, « la culpabilité est un affect négatif qui appelle une action positive : l'envie de rachat[4] ».

La culpabilité est *action*, poussant le coupable à trouver une issue à sa mauvaise conscience, à tout faire pour se sentir mieux, quitte à se soumettre, à arrêter de se battre, à renoncer à sa liberté. L'intérêt du choix contraint réside donc dans le fait qu'il est profondément liberticide tout en se parant des illusions de la liberté, et que laissant le sujet seul, empêtré dans les méandres de sa propre conscience, il le convainc qu'il est entièrement responsable, entièrement responsable de tout devant tous. Ce qui a aussi pour avantage de dédouaner toute forme de gouvernance politique ou populaire : car si l'on est occupé à se battre pour survivre à sa propre conscience, il ne devient plus possible de se tourner vers l'autre, de construire le monde. La mauvaise conscience isole et sépare du groupe, du collectif. Je me suis donc mise à réfléchir, outre aux mécanismes de culpabilisation, à la question du choix contraint.

Le second événement qui a précipité l'aboutissement de cette réflexion et l'écriture de ce livre a été un souvenir ravivé par l'actualité. Alors que je réfléchissais aux différentes formes de choix contraints présents dans notre société, un débat avait lieu sur la proposition de loi visant à renforcer le droit à l'avortement en prolongeant le délai légal pour pratiquer une IVG de 12 à 14 semaines. Le projet de loi a été présenté au Parlement le 25 août 2020 et adopté en première lecture le 8 octobre 2020. Une discussion émerge alors sur la question de la possibilité de faire des IMG (interruption médicale de grossesse) à neuf mois en cas de « détresse psychosociale ». Le Comité consultatif national d'éthique (CCNE) donne le 11 décembre 2020 un avis favorable à l'allongement du délai de l'IVG[5]. Le projet sera rejeté toutefois par le Sénat en janvier 2021.

Nous en sommes là lorsque le souvenir d'un avortement particulièrement douloureux de l'une de mes patientes me revient en mémoire. Je me rappelle la détresse de cette femme face à un choix qui n'en était pas vraiment un, de sa difficulté à trouver un praticien en plein cœur de l'été, des remarques entendues, du sentiment de solitude et de honte qu'elle me confiait. La question de l'avortement s'est ainsi imposée comme une évidence pour illustrer le choix et la culpabilité de contrainte.

Ce livre cherche donc à montrer que le fonctionnement de notre société nous place régulièrement en situation de choix contraint (*forced choice*), ce qui nous donne le sentiment d'être libres alors que précisément nous nous trouvons dans un non-choix. Le propre des choix contraints est que la contrainte se fait oublier face à l'empressement du choix. Et comme c'est à nous que revient finalement le choix, nous avons l'impression d'exercer notre libre arbitre. Mais, parce que le choix contraint n'est pas l'expression d'un désir et qu'il nous invite à décider entre deux alternatives que nous ne voulons pas, nous devenons responsables d'un choix que nous avons certes fait, mais qui, pour autant, va à l'encontre de notre désir. C'est-à-dire d'un choix que nous ne *désirons* pas : c'est le moment où le désir cède à la volonté. Ce qui entraîne *de facto* une forme de culpabilité inévitable intrinsèquement liée au choix contraint. C'est ce que j'appelle la *culpabilité de contrainte* (*guilt of coercion*).

Mais dans quel but placer des gens en situation de choix contraint et d'induire chez eux une forme de culpabilité ? C'est là le second thème de ce livre : la culpabilité entraîne la soumission, et la culpabilisation se révèle alors comme un moyen de domination. Celui qui culpabilise, se sentant coupable, étant persuadé de sa culpabilité, éprouve de la honte. Avoir honte est un facteur d'inhibition : le sujet ne bouge plus, ne réagit plus, il se soumet. Ensuite, cherchant à survivre à sa propre culpabilité, il se tourne tout entier vers lui-même et il n'est plus en mesure de voir ni d'interroger les vrais coupables. Et, centré sur sa propre personne, empêtré dans sa mauvaise conscience, tout entier tourné vers lui-même, il n'est plus apte à faire partie d'un groupe, à défendre des valeurs collectives. Un tel système se fait défenseur de l'hyperindividualisme.

C'est ainsi qu'une norme morale, façonnée peu à peu par la société, s'impose à nous, sans que nous ne puissions plus la remettre en question. Nous devenons alors des *soumis*, incapables de révolte, incapables de réaction. Ce phénomène propre au système d'un monde hypermoderne, régi par des logiques capitalistiques et ultralibérales, peut se résumer en un terme emprunté au monde du marketing : *guilt generation* (« génération coupable »). « Dans le milieu marketing [cette] expression a émergé pour qualifier la tendance de la génération Y (soit les 20-40 ans) à avoir l'impression de provoquer la fin du monde[6]. »

Pour illustrer cette question du choix contraint qui apparaît dans de nombreuses situations quotidiennes, je m'appuierai donc sur ces deux exemples emblématiques :

le tri des patients pendant la crise de la Covid-19 et la question de l'avortement. En ce qui concerne la culpabilisation et la culpabilité de contrainte ainsi que sa présence dans les diverses sphères de la société, je l'aborderai dans différents contextes : le domaine professionnel avec les injonctions paradoxales ; la domination avec la soumission domestique (de la violence sur les femmes à l'éducation des enfants) ; les discours politiques et médiatiques (question de la *cancel culture*, culpabilité numérique) ; les choix amoureux et leurs enjeux ; et enfin la santé (responsabilisation autour d'une « bonne » forme, mentale et physique).

À l'issue de ces analyses un constat s'est imposé : comment survivre à cette culpabilité ? Il m'a semblé que l'éthique, cette discipline philosophique qui s'appuie sur nombre d'auteurs, de pensées, de concepts absolument nécessaires pour accompagner ce genre de dilemme, touche néanmoins à ses limites quand il s'agit de répondre concrètement et sans masque à cette problématique. Accompagner sa réflexion et son jugement d'Aristote, de Levinas ou de Ricœur, de Platon ou de Pascal est un épieu fondamental, mais il me semble qu'en de telles circonstances, cela ne suffit pas. À nouveau, sans hypocrisie, sans faiblesse, sans médiocrité, la force de cette question avec le principe de réalité qui l'accompagne s'impose : *comment survivre à la culpabilité de contrainte ?* Un principe émerge alors. Un principe issu de la seule expérience, de cette rencontre quasi charnelle avec la vie que l'on ne trouve ni dans les livres ni dans la théorie, un principe qui donne du sens à toutes nos décisions mais aussi au mot *liberté*. Ce principe s'est imposé et dénommé lui-même : le *principe de vie* (*principe of life*). Il est ce qui rend possible la survie à ces mécanismes de choix et de culpabilité contraints. Et en cela, il est aussi une ouverture, une invitation à réfléchir sur ce qu'on entend par *être humain*.

LE CHOIX CONTRAINT

(THE FORCED CHOICE)

« *Video meliora proboque, deteriora sequor.* »

[« Je vois le parti le plus sage, je l'approuve, et je choisis le plus mauvais. »]

Ovide, *Métamorphoses*, VII, 20.

Le tri des patients

La Covid-19 a éprouvé très lourdement le monde soignant. Le corps médical pratiquant une médecine de ville, avec son temps, ses urgences, ses rythmes, ses repères et ses habitudes, s'est trouvé brusquement confronté à la violence d'une *crise* avec son autre temps, ses autres urgences, ses inédits, son absence de repères. Une situation comparable pour certains à une « médecine de guerre », d'aucuns étant parfois amenés à faire des choix extrêmes, intenables, insoutenables, qu'on peut appeler, avec le paradoxe que cela soulève : des *choix contraints*.

Insoutenable incertitude

Avant d'entrer dans l'analyse et de définir ce que l'on peut entendre par ce terme, évoquons un cas concret. Il s'agit d'une situation vécue par un médecin réanimateur dans un hôpital francilien[1] :

« L'image du tri est celle qui a été le plus souvent médiatisée. Elle est sujette à tous les fantasmes et l'on prend souvent l'exemple classique de deux patients aux urgences pouvant nécessiter un transfert en réanimation alors qu'il ne reste qu'une place dans le service. Il y a cependant d'autres situations bien plus complexes auxquelles peut être confronté un réanimateur. Pour exemple, ce cas. Vous êtes de garde, il est 1 heure du matin, il vous reste dans votre réanimation une seule place disponible. La journée a été très chargée, le service s'est rempli rapidement car on est en période de crise sanitaire et les malades ne cessent d'affluer. Vous êtes appelé aux urgences pour un patient de 81 ans qui présente tous les signes d'une infection respiratoire à Covid. Il a d'autres comorbidités sous-jacentes et vous n'avez aucune donnée sur son autonomie antérieure. Il est fatigué, épuisé par trois jours de lutte à son domicile contre cette infection. On est au tout début de l'épidémie, les connaissances que l'on a alors de cette maladie laissent à penser que prendre ce patient en réanimation ne serait pas bénéfique pour lui, car nombre d'experts disent qu'au-delà de 80 ans, le bénéfice escompté sous traitements invasifs est infime. Amusant d'ailleurs ce terme d'"au-delà" : à un an près est-ce vraiment "au-delà" ? Si vous prenez ce patient, vous n'avez plus de place dans le service pour le reste de la nuit. Si le SAMU vous appelle (ou de nouveau les urgences), vous ne pourrez pas prendre le prochain patient proposé. Cela sera peut-être un arrêt cardiaque chez un sujet jeune qui pourrait clairement bénéficier de la spécificité de votre structure orientée cardiologique. Alors que faire ? Ne pas le prendre dans l'éventualité d'une sollicitation dans la nuit pour un autre patient ou se dire qu'il faut peut-être tout de même essayer, se donner une chance et réévaluer dans 48-72 heures ?

Vous décidez de ne pas le prendre. Le médecin urgentiste est d'accord avec vous et vous statuez ensemble de privilégier des soins de confort chez ce patient qui manifeste un inconfort évident. Vous retournez dans votre service pour vous occuper des patients déjà présents. Vous vous couchez vers 4 heures. À 7 heures, vous vous levez pour faire le tour des patients du service. Ni le SAMU ni les urgences ne vous ont appelé. La chambre disponible est là devant vous, vide. Le doute est là : finalement peut-être auriez-vous dû hospitaliser ce patient dans votre service ? Ce doute, cette culpabilité, restera au fond de vous. Personne ne peut répondre et dire avec certitude ce que vous auriez dû faire. Vous gardez tout cela pour vous. Vous oublierez progressivement le nom du patient. Dans votre mémoire, les traits de son visage se flouteront avec le temps. Cependant le doute sera toujours présent et ce visage viendra rejoindre tous ces visages, ces personnes, ces patients, pour lesquels vous vous êtes demandé un jour si vous aviez pris la bonne décision. Ils n'ont plus de nom, plus de forme, plus d'âge, mais ils restent, ils resteront au fond de vous et la seule chose qui vous reste à faire, c'est de ne pas regarder vers eux. »

Ce médecin réanimateur nous parle d'une problématique difficile et souvent taboue dans le métier de soignant : la culpabilité liée à la décision médicale, précisément lorsqu'elle est issue d'un choix contraint. Et en médecine les choix contraints sont quasiment quotidiens : j'opère, je n'opère pas ; j'ampute, je n'ampute pas ; je réanime, je ne réanime pas ; je dis, je ne dis pas… En de tels cas, le soignant décisionnaire est dans une grande solitude, sans aucune certitude de prendre la bonne décision, sans jamais avoir été préparé à ce type de torture morale. La crise de la Covid-19 et la question effective du tri des patients n'ont fait que révéler une réalité de terrain, décuplée par l'épidémie.

Tri ou priorisation...

Y a-t-il eu tri ou pas ? Et qu'entend-on par « tri » ? Les avis divergent quant à l'usage du mot « tri »[2], d'autant que cela fait écho à de sombres heures de l'histoire, lorsque des gens étaient « triés » en fonction de leurs croyances, de leur physique, de leur origine et conduits dans des « wagons à bestiaux ou de marchandises » entassés les uns sur les autres pour être gazés, pour *mourir.* À l'heure de la crise de la Covid-19, ce terme a de quoi déranger et faire grincer des dents.

Il paraît impensable de sélectionner et de faire un choix entre ceux que l'on va pouvoir sauver et ceux que l'on va – sciemment – laisser sans soins, avec un risque de mort très élevé. Ce serait barbare, inhumain, injuste. Injuste, car, enfin, comment juger ceux des malades qui auraient droit à un soin en réanimation et ceux qui en seraient privés ? Sur quels critères ? La jeunesse doit-elle l'emporter sur la vieillesse ? Les riches sur les pauvres ? Les cultivés sur les ignorants ? Les hommes sur les femmes ? Dans un article intitulé « À qui ira le dernier ventilateur[3] ? », Bertrand Guidet, chef du service de réanimation à l'hôpital

Saint-Antoine à Paris, et son homologue allemand Christian Jung en appellent à un grand débat sociétal pour que ce type de questions qui pèsent sur les médecins puisse sortir de l'enceinte de l'hôpital et interpeller tout le monde.

De telles inégalités semblent aberrantes dans un système de santé qui semble promouvoir l'égalité des soins. C'est pourtant bien ce qui s'est passé dans la gestion (nous employons volontairement le terme de « gestion ») de cette crise. Nous avons bien assisté à une priorisation des patients où les premiers refusés étaient les personnes âgées. Véronique Lefebvre des Noettes, médecin gériatre dans un hôpital d'Île-de-France, témoigne : « La prise en charge des "Covid +", comme on les appelle, mobilise deux soignants par patient et un séjour de trois semaines en réanimation. Les services se préparent donc – vu la lourdeur de la prise en charge – à aiguiller certains patients au tableau clinique sombre en soins palliatifs plutôt qu'en service de réanimation. [...] Selon quels critères arbitrer ? L'âge est un élément clé, mais il n'est pas le seul. Les praticiens distinguent en effet l'âge chronologique de l'âge biologique. » « L'âge est en effet à mettre en lien avec la situation clinique du patient, ses antécédents, ses comorbidités, etc., nuance le professeur Olivier Jonquet, réanimateur au CHU de Montpellier. Le praticien a bon espoir de ne pas avoir à prioriser les patients vu le nombre limité de cas dans son service. Ailleurs, certains de ses collègues priorisent déjà. De quoi mettre à mal le principe de l'égal accès aux soins. Les hôpitaux se préparent à d'éventuels contentieux émanant des proches des patients non admis en réanimation. »

Un article récent publié dans *Le Monde*[4] dénonce la

même problématique de choix des patients, mais dans le secteur de la psychiatrie. La psychiatre Oriane Bentata-Wiener interroge : « Quels patients souffrant du Covid-19, à gravité égale, faudra-t-il choisir, à l'entrée du service de réanimation ? La mère, la jeune grand-mère, la fille ? Le policier, le cadre, l'artiste, le sans-abri ? [...] Faut-il respecter l'ordre chronologique de la liste d'attente et accueillir progressivement les patients, sans prendre en compte le possible degré d'urgence ? » Elle dénonce des « choix trop lourds » à faire pour des « seuls médecins » [...] « car ces choix sont tellement douloureux et intenables qu'en prendre connaissance permettrait sûrement de faire en sorte qu'on n'y arrive plus jamais ». Aussi en appelle-t-elle à la responsabilité « des citoyens et des politiques ». Et elle précise avec justesse qu'« on peut assumer un choix quand on peut assumer les conditions dans lesquelles il s'exerce » : nous verrons que nous nous trouvons là au cœur des enjeux éthiques posés par le choix contraint.

À cette description, nous pouvons ajouter une circulaire des ARS transmise aux services hospitaliers visant à « accompagner conceptuellement » les soignants à faire le choix entre ceux qui seront reçus en réanimation et ceux qui seront refusés[5]. La circulaire parle de « priorisation » – un mot moins connoté[6]. Mais, outre toute considération éthique ou morale, on est forcé d'admettre ce qui est de l'ordre d'un constat : le temps de cette crise, il y a eu plus de demandes d'accès en réanimation que de places. Dès lors, comment faire ? Fallait-il ne s'occuper que des premiers arrivés ? Ou alors laisser faire le hasard ? *Choisir* s'est imposé comme une nécessité. Et c'est là que nous entrons dans un enfer moral, que nombre de soignants, en situation extrême, ont déjà connu : le *choix contraint*. Attardons-nous un instant sur ce que pourrait être une définition du choix contraint.

Consentir ou mourir

Il n'est jamais simple de décider, mais moins encore quand il s'agit de décider sans réelle possibilité de le faire. Nous parlons alors de *dilemme moral* – qui peut parfois s'apparenter à une véritable torture. La douleur du tiraillement – comparable au déchirement cornélien – est celle qui peut aller jusqu'à opposer la responsabilité d'une vie (la sienne ou celle d'autrui) à celle d'une autre. On se trouve donc face à un choix qui n'en est pas vraiment un, ce que nous appelons un *choix contraint* : le sujet a certes la possibilité de choisir, mais le choix qu'il a à faire est tellement extrême, tendu, si loin de son propre désir, qu'il se retrouve, comme le disent les expressions populaires, pris *entre le marteau et l'enclume*, ou sommé de choisir *entre la peste et le choléra*. Il en existe une illustration célèbre, celle du prisonnier qui face à ses bourreaux a encore le choix : soit il parle (et trahit son camp) et il reste en vie ; soit il se tait et il meurt. Certes, il a le choix, mais seulement entre trahir ou mourir[7] : on peut aisément comprendre que son désir se trouve *ailleurs* que dans la mort ou la trahison.

Le dilemme est ce moment où deux arguments viennent se heurter et entrent en contradiction sans permettre de sortir d'une situation inextricable. Le sujet n'a pas d'autre choix – si l'on peut s'exprimer ainsi – que de choisir à partir d'un choix qui n'en est pas vraiment un. Ce dilemme est à la fois moral et éthique. Moral parce qu'il touche ce qu'il y a de plus intime chez l'individu, ses valeurs les plus profondes ; et éthique parce que le sujet doit agir, il se doit de trancher, et donc de « décider » pour agir dans le monde.

Pour prendre un exemple littéraire, *Le Choix de Sophie* de William Styron, paru en 1979[8], illustre parfaitement la tension qui se joue dans un choix contraint. Rappelons les faits : le médecin d'un camp de concentration oblige une mère à choisir celui de ses deux enfants qui sera gazé, en précisant que, si elle ne choisit pas, il tuera les deux. Dans un tel cas, pouvons-nous réellement dire que cette mère a le choix ? Certes, du point de vue de la logique, le choix est là : il faut choisir entre ses deux enfants. Mais du point de vue moral ce choix est tellement atroce et si éloigné du désir de la mère qu'il devient un *non-choix* ou encore un *choix contraint*. C'est bien cela l'essence du choix contraint : être dans un au-delà du choix, dans un au-delà moral nommé horreur, barbarie, *in*-humain.

De ce point de vue, nous pouvons dire que, dans le choix contraint, ma volonté s'oppose à mon désir et l'emporte sur le désir dans la mesure où ma volonté permet d'agir alors même que mon désir me l'interdit. Si l'acrasie[9] est un conflit entre la raison et la volonté, quel nom donner à ce qui oppose le désir et la volonté, au-delà de toute raison ?

Or, toutes proportions gardées, il semble que nous soyons dans une situation analogue en ce qui concerne le tri de patients lors de cette crise sanitaire. La question du « tri » implique bien un « choix » entre les vies à sauver et les autres. Il y a bien une tension entre ce que l'on *peut* (ou *doit*) faire et ce que l'on *désire* faire réellement. Néanmoins, comme dans *Le Choix de Sophie*, la volonté va céder et va finir par trancher.

L'impensable et l'imprescriptible

Attardons-nous un peu sur le livre de Styron qui illustre cruellement la situation de choix contraint.

Au lendemain de la Seconde Guerre mondiale, Stingo, écrivain et narrateur de cette histoire, rencontre un couple, Sophie, une Polonaise très marquée par la guerre, et Nathan, un juif très violent, souffrant certainement d'une pathologie mentale. Le livre décrit à la perfection la complexité des relations qui s'établissent entre ces trois personnages. Dans un moment d'abandon, alors qu'elle est seule avec Stingo, Sophie lui révèle son terrible secret, qui explique pourquoi elle a été épargnée dans le camp de concentration où elle a été enfermée.

Alors qu'elle descend du train qui l'amène avec ses deux enfants, Eva et Jan, à Auschwitz, après un périple de plus de trente heures, elle se trouve face à un médecin, Fritz Jemand von Niemand, qui lui déclare crûment et brutalement : « *Ich möchte mit dir schlafen* », « J'ai envie de te fourrer au lit avec moi [10] ». Sophie se défend en affirmant que ses enfants et elle sont « de bons catholiques ». Mais après un bref échange où le jeu ne fait que confirmer que Sophie est déjà prise au piège, que tout est joué d'avance, ce médecin sadique se tourne vers elle et le dialogue se poursuit ainsi :

– Tu peux garder un de tes enfants.

– *Bitte* ? fit Sophie.

– Tu peux garder un de tes enfants, répéta-t-il. L'autre devra s'en aller. Lequel veux-tu garder ?

– Vous voulez dire qu'il faut que je choisisse ?

– Tu es une Polonaise, pas une youpine. Ça te donne un privilège – un choix.

Son processus mental se ralentit, s'arrêta. Soudain, elle sentit ses jambes flageoler.

– Je ne peux pas choisir ! Je ne peux pas choisir ! se mit-elle à hurler. – Oh, comme elle se souvenait encore de ses cris ! Jamais anges torturés ne hurlèrent plus fort dans le vacarme de l'enfer – *Ich kann nicht wählen !* hurla-t-elle.

Le médecin prit conscience qu'ils attiraient inutilement l'attention.

– Ta gueule ! commanda-t-il. Allons vite, choisis. Choisis, nom de Dieu, sinon je les expédie tous les deux. Vite !

Elle ne pouvait croire que cela fût réel. Elle ne pouvait croire qu'elle était maintenant à genoux sur le béton rugueux qui lui mordait la peau, serrant à les étouffer ses enfants contre elle, si fort qu'il lui semblait que malgré l'épaisseur de leurs vêtements sa chair allait se greffer à la leur. Une incrédulité absolue, démente l'accablait. […]

– Ne me forcez pas à choisir, s'entendit-elle plaider dans un murmure, je *ne peux pas* choisir.

– Dans ce cas, envoyez-les là-bas tous les deux, dit le docteur à son assistant, *nach links*.

– Maman !

Elle perçut le cri ténu mais déchirant d'Eva à l'instant où, repoussant l'enfant, elle se relevait en titubant gauchement.

– Prenez la petite ! lança-t-elle. Prenez ma petite fille[11] !

En prenant du recul sur le vif de cette situation, nous pouvons discerner et analyser les *deux* (et non « *le* ») choix de Sophie : en effet, il convient de rappeler que Sophie a un premier choix à faire, qui est celui de choisir ou de ne pas choisir. Mais ne pas choisir signifie ici aussi choisir de sacrifier ses deux enfants. Elle crie, elle hurle qu'elle « ne peut pas choisir » car elle ne *veut* pas choisir. Mais ce premier choix a bien lieu : elle choisit de sauver un enfant et d'en sacrifier un, au lieu de les perdre tous les deux. Puis le second choix : elle choisit de sacrifier sa petite fille de 8 ans et de sauver son fils.

Au sens premier, factuel, formel, logique, les deux choix ont eu lieu – quand un choix se définit comme une « préférence », un « discernement », une « distinction », une « alternative ». Sophie avait bien le choix de choisir ou de ne pas choisir (ce qui aurait été quand même choisir et donc sacrifier ses deux enfants) ; puis le choix de sauver son fils *ou* sa fille. Dans une situation comme celle-ci où l'humanité rencontre son extrême limite, où la raison s'effondre, où le libre arbitre est nu, où il ne devient plus possible de penser, de garder un semblant de rationalité, quand on se trouve au-delà de tout affect et de toute émotion, comme une bête traquée par le mal (d'ailleurs, il est dit très clairement que « son processus mental se ralentit, s'arrêta »), dans ce moment précis où la raison est emportée et nous conduit dans un non-lieu, un lieu qui n'est pas visible mais dans lequel on se replie quand l'horreur est intenable : alors on rencontre la folie. Pas cette folie pathologique qui hante les manuels de psychopathologie ; pas cette folie du délire ou du passage à l'acte, mais *la folie de l'Homme*. La folie de la déraison. La folie qui tutoie la mort et l'appelle par son prénom. Un peu plus loin, Stingo précise :

> Sophie ajouta à son récit, peu de temps après, [...] que durant les journées chaotiques qui suivirent son arrivée au camp, elle s'était trouvée dans un tel état de choc – tellement brisée et déchirée par ce qui s'était passé sur le quai [...] – qu'elle eut peine à ne pas perdre la raison [12].

La folie devient le refuge de l'impensable.

Pourtant, on a bien affaire à un choix. Qu'en est-il ?

Le choix se fait contrainte quand il n'y a pas de choix réel et que la contrainte prime sur la possibilité de la liberté, quand la volonté étouffe le désir. Le libre arbitre se fait illusoire – dans la mesure où l'arbitre est tout sauf libre. Immédiatement, par l'effet de ce dilemme moral, l'on se trouve au-delà du choix tout en sachant très bien – immédiatement et à son corps défendant – ce que l'on refuse et l'issue que l'on va emprunter. D'ailleurs, les deux choix de Sophie sont quasi immédiats : elle va en sauver un et ce sera son fils. Le temps n'est plus là, les secondes durent des éternités : pas de temps pour le doute, la tergiversation, la délibération, pour comparer le bon ou le mauvais, le juste ou l'injuste ; pas de temps pour la mesure ou l'élection.

C'est dans cette différence temporelle que le dilemme moral se distingue du choix contraint. Le choix contraint est celui qui nous accule si violemment qu'il ne laisse plus aucun temps outre celui de la quasi-immédiateté. Cet au-delà du choix, de tout choix, ce non-lieu pourrait s'appeler l'*imprescriptible* – c'est-à-dire ce qui ne change ni avec le temps ni avec rien – quelque chose qui serait d'emblée une évidence, une donnée claire pour l'entendement rendu à la folie, une action immédiate. Du moment que la mère a décidé de ne pas sacrifier ses deux enfants, elle a accepté d'en sacrifier un. Elle a fait ces deux choix sans qu'ait eu lieu le temps du doute.

Qu'est-ce qui, dans cet interstice qui est celui aussi qui nous saisit comme être encore vivant dans un lieu de non-vie, nous permet donc de choisir, si ce n'est ni la raison, ni les affects, les émotions ou les sentiments, ni les pulsions, ni même le désir ? Alors, qu'est-ce qui motive la décision quasi immédiate d'un choix contraint ?

Le moteur du choix contraint

L'hypothèse que je formule, c'est qu'en ce lieu imprescriptible, dans ce non-lieu de la pensée, dans cette humanité mise entre parenthèses, en suspension, se trouve un principe au-delà de tout, un principe qui nous pousse à agir au-delà de toute conscience, au-delà de toute croyance, au-delà de toute certitude. Un principe premier et dernier, un principe qui rend raison de tout le reste et jusqu'à la folie elle-même, un principe qui justifie tout et qui permet, après coup, de ne pas totalement perdre la raison, de ne pas sombrer dans le gouffre irrévocable de l'insoutenable, même si le prix à payer, c'est la culpabilité. Ce principe, je l'appelle *principe de vie*[13].

Le principe de vie est une justification dans l'absolu qui décrète qu'il faut sauver le vivant à tout prix – et qu'au nom de ce vivant (qui peut être un souffle, un espoir, une rencontre, une envie de mourir ou celle de vivre, un sacrifice… tout mouvement qui se fait l'écho d'une raison d'être, quelle que soit cette raison), tout comportement peut avoir lieu et trouver, non une justification ou une légitimité au sens moral du terme, mais une *raison d'être* : c'est le vol de nourriture pour ne pas mourir de faim ; le meurtre de la mère pour sauver son enfant ; la demande d'euthanasie de celle ou celui qui est au bout de la souffrance. Ce qui caractérise le principe de vie, c'est précisément la rapidité avec laquelle nous accédons à une connaissance claire et distincte de la manière dont nous devons agir alors même que le dilemme moral est extrême au point d'être un enjeu de vie ou de mort. Dans une telle situation, c'est toujours la défense du vivant en nous [14] – ou en l'autre – qui l'emporte et ce, quel que soit le comportement atroce, inhumain que l'on va devoir adopter, puis assumer. Le principe de vie est une sorte de *bien* qui ne s'entendrait pas au sens moral (chrétien ou kantien par exemple) mais plutôt comme ce qu'il y a de *bien* – entendu comme ce qu'il y a de *moins mauvais*. Et ce qu'il y a de bien, poussé à son paroxysme, c'est *le mouvement qui va vers la vie*. Mais la vie contient tout ce qu'il est possible d'imaginer. Elle est puissance active, mouvement, élan, volonté propre. La vie entendue comme traversée de part en part du vivant lui-même.

Le principe de vie est donc un principe ultime qui affirme que, pour sauver une ou plusieurs vies, on peut en sacrifier une ou plusieurs, plutôt que de n'en sauver aucune. Il ne s'agit pas d'un principe utilitariste où, par exemple, le nombre pourrait emporter la décision ; ni d'un principe déontologique où l'on chercherait le meilleur comportement ; ni d'un principe conséquentialiste, car dans tous les cas, ici les conséquences sont intenables. Il s'agit bien plus simplement, face à un tel choix, de défendre au-delà de son propre intérêt, de sa propre vie, l'*existant* au nom de la *préservation du vivant.* Ainsi, dans des circonstances de vie ou de mort, le principe de vie, qui est *amoral*, affirme que l'on peut agir de façon immorale au nom d'une valeur absolue et suprême qui est le fait de *sauver sa peau.* Dans ce cas, il n'est pas question d'agir en vue d'un bien, mais en vue d'un *certain* bien, terriblement subjectif et face à quoi nul ne peut rien dire ; il s'ouvre sur un temps absolu, celui de l'essence de la vie même.

Utilitarisme ou déontologie ? L'égalité de la valeur de la vie

Le débat éthique qui s'est ouvert concernant le tri des patients pose explicitement la question de l'utilitarisme héritée de John Stuart Mill et de Jeremy Bentham. Dans le cas de la crise de la Covid-19, l'utilitarisme consiste à sauver le plus de vies possible : c'est la logique du plus grand nombre qui l'emporte. Cela implique que l'on ne peut pas sauver tout le monde, et donc que l'on admet d'emblée qu'il y aura des pertes. Cela signifie aussi que l'on ne se pose pas de questions sur qui, comment ou pourquoi. Outre que cette position est tout à fait discutable puisque d'emblée on admet la possibilité de sacrifier des gens (une sorte de « dommage collatéral » en quelque sorte), il faut reconnaître la difficulté relative à cette approche de maximisation : cela signifie-t-il que l'on doive maximiser le nombre de vies à sauver ? ou le nombre d'années de vie ? ou le nombre d'années qualitatives de vie ? Et, à pronostic équivalent, que signifie prioriser l'un ou l'autre ? Lequel sera le plus pénalisé : systématiquement celui qui a le plus à perdre à mourir, c'est-à-dire le plus jeune, qui n'a pas eu une vie complète[15] ?

Dans notre société contemporaine, il est admis que toute vie se vaut. La valeur de la vie est intrinsèque et n'est pas remise en cause. Pour autant, comme l'admet Bertrand Guidet : « Quand on doit gérer la pénurie, on fait bénéficier les malades qui vont, *a priori*, avoir le meilleur résultat[16]. » La Société française d'anesthésie et de réanimation a publié des recommandations le 21 avril 2020 sur « la priorisation des traitements » où il est très explicitement dit qu'il faut « tenir compte du bénéfice indirect à prioriser soignants exposés et assimilés[17] ».

Autre est la vision déontologique que l'on appelle aussi « éthique des devoirs ». Cette vision repose sur la nécessité de fonder notre action sur des impératifs moraux, des principes catégoriques auxquels on ne peut déroger. Par exemple : ne pas tuer, ne pas mentir, aider autrui quand il en a besoin, tenir ses engagements ou ses promesses, ne pas faire souffrir, respecter autrui, etc. Elle se distingue de l'utilitarisme ou du conséquentialisme en ce que l'action ne doit pas être déterminée par ses conséquences mais doit valoir en soi et pour soi : viser le bien est une finalité en soi et n'en a pas d'autre. Cette approche éthique invite toute la société (à titre tant individuel que collectif) à réfléchir sur ce que nous voudrions reconnaître et admettre comme devoirs moraux.

Héritée de Kant, elle s'appuie notamment sur un impératif catégorique : « Agis uniquement d'après la maxime qui fait que tu puisses vouloir en même temps qu'elle devienne une loi universelle[18] » – énoncé de différentes manières, par exemple : « Agis de façon telle que tu traites l'humanité, aussi bien dans ta personne que dans toute autre, toujours en même temps comme une fin, et jamais simplement comme un moyen », ou : « Agis selon les maximes d'un membre qui légifère universellement en vue d'un règne des fins simplement possible ».

Cette éthique s'appuie sur de grands principes qui viennent guider nos actions. Et, de façon générale, nous pouvons dire que globalement nous cherchons à vivre en respectant ces grands principes. Toutefois, il est des situations, comme celle qui opposa le philosophe français Benjamin Constant à Emmanuel Kant, où le mensonge semble nécessaire bien qu'il s'oppose à tout principe moral et aux devoirs catégoriques. Benjamin Constant présente un cas où il est nécessaire de mentir pour sauver la vie de quelqu'un. Kant lui répond dans un texte dont le titre dit déjà tout : « Sur un prétendu droit de mentir par humanité[19] », refusant la moindre exception à la règle précisément parce que l'impératif repose sur un critère d'absolu.

Mais là où le problème se pose plus nettement dans cette vision déontologique – et il concerne précisément la question des choix contraints –, c'est quand les devoirs entrent en conflit, c'est-à-dire lorsque deux actions inverses sont soutenues par deux devoirs moraux. Dans le cas de Sophie, l'héroïne de Styron, ou encore des soignants qui sont mis en demeure de choisir entre deux vies que rien de rationnel ne pourrait partager, l'arbitrage devient beaucoup plus compliqué.

Dans de telles situations de choix contraints, on ne peut donc que constater à la fois l'échec de l'éthique conséquentialiste ou utilitariste et celui de l'éthique déontologique ou des devoirs.

L'avortement

> « Il faut, dès lors, qu'une limite numérique à la procréation soit fixée, et si des couples conçoivent, transgressant ainsi cette limite, il faut pratiquer l'avortement avant que [l'embryon] n'acquière sensation et vie ; la sensation et la vie [de l'embryon] déterminent le moment à partir duquel l'acte d'avorter est à considérer comme un acte impie ou non. »
>
> Aristote, *Les Politiques*, VII, 1335b, 22-26.

En 1990, Reine-Marie Paris, la petite-fille de Paul Claudel, révèle un secret familial resté longtemps bien gardé : c'est un avortement qui a poussé Camille Claudel à rompre avec Rodin[1]. Mais là ne se sont pas arrêtées les conséquences de ce qui apparaît comme une « maternité impossible[2] » pour celle qui avait dédié sa vie à la sculpture. En effet, on apprend en 1988 (presque un siècle après les faits, au moment de la parution d'une biographie qui lui est consacrée) que Paul Claudel a fait payer cher à sa sœur cet avortement. Il ne lui a jamais pardonné cet acte et l'a condamnée à l'exil psychiatrique. Dans une lettre adressée en 1939 à la femme de Romain Rolland, il s'explique sur la véritable motivation de l'internement de sa sœur : c'est l'expiation de l'avortement, véritable crime selon lui qui s'était converti tardivement au catholicisme. Il s'exprime en des termes sans équivoque : « Sachez qu'une personne de qui je suis très proche a commis le même crime que vous et qu'elle l'expie depuis vingt-six ans dans une maison de fous. Tuer un enfant, tuer une âme immortelle, c'est horrible ! C'est affreux ! Comment pouvez-vous vivre et respirer avec un tel crime sur la conscience[3]... » Camille Claudel meurt dans l'indifférence générale en 1943, à l'hôpital de Montfavet, à côté d'Avignon. Du jour de son internement, d'abord à Ville-Evrard, près de Paris, puis dans le Sud, elle n'a plus jamais touché une sculpture ; son art, sa création, sa production étant devenus impossibles dès lors qu'elle avait perdu sa liberté.

D'où vient-il que l'avortement des femmes menace autant les hommes ? Est-ce un effet flagrant de la castration ? Est-ce l'expression d'un pouvoir de vie ou de mort détenu par les femmes qu'aucun homme n'aura jamais[4] ? D'où vient-il que l'avortement continue d'être une telle déchirure, et ce bien après sa légalisation[5] ? Et est-il seulement possible de le déculpabiliser – au niveau individuel comme sociétal ?

En quoi est-il l'expression emblématique du choix contraint ?

Penser l'avortement

En ce qui concerne l'avortement, je pense qu'il ne devrait pas y avoir de maxime universelle capable de guider nos actions ; la seule universalité à laquelle il pourrait prétendre est celle de son droit. En revanche, il doit donner lieu à des *réflexions*. La philosophie ayant pour vocation de parler de tout, aucun sujet touchant à l'homme ou au monde ne devrait lui être étranger. Pourtant – sans grande surprise toutefois –, l'avortement est un impensé de la philosophie[6], exception faite de Simone de Beauvoir qui participa, on le sait, au fameux « Manifeste des 343 » publié le 5 avril 1971 dans *Le Nouvel Observateur* et qui fut à l'origine de la loi Veil – ce manifeste rebaptisé « des 343 salopes » à la suite de la une de *Charlie Hebdo* éditée une semaine après (le 12 avril 1971) et qui caricaturait un Michel Debré s'exclamant : « Qui a engrossé les 343 salopes du manifeste sur l'avortement ? », tout un symbole !

La philosophie est quasi muette, atrocement silencieuse, lâche quand il s'agit de *penser* l'avortement. Des juges, des arguments philosophiques au nom du *primum vivere* (… *deinde philosophosi*)[7], il y en a à foison ; et les « philosophies pour la vie » sont légion mais bien souvent elles ne sont rien d'autre que des argumentaires sans concession, empreints de partialité *contre l'avortement*. Trop vite on perd la pensée philosophique au profit d'un débat d'opinions où le « pour la vie » s'oppose au « pour l'avortement » : si bien que si l'on est du côté de la vie, comment être du côté de l'avortement ? Mais alors, comment précisément *ne pas être du côté de la vie* ? De ce point de vue sophiste, il n'y aurait pas d'autre choix que de rejeter l'avortement sous peine de se révéler monstrueux, criminel, barbare… inhumain en somme.

Déjà, sans avoir abordé le sujet, le simple fait de « penser l'avortement » est l'expression d'un choix contraint. C'est dans ce contexte qu'il faut comprendre l'importance de la loi Veil – Simone Veil encensée aujourd'hui pour ce combat, qui fut aussi son combat, au point d'entrer au Panthéon le 1er juillet 2018 – « la patrie reconnaissante ».

Puis il y a la loi… et l'esprit de la loi. Je veux dire par là que ce n'est pas parce qu'un droit est octroyé qu'il est pour autant admis dans les rangs de la société, sous le toit des chaumières, dans les dîners « en famille ». Il y a bien un fossé entre ce qui est *légalisé* (ou *dépénalisé* ?) et ce qui est *légitimé*.

Puis qu'en est-il du *sujet* concerné ? De la femme qui avorte ?

La question de l'avortement a toujours été liée à celle de la maternité. Et penser le ventre des femmes n'est pas une évidence pour les philosophes… pas même pour les psychanalystes[8] !

Dans un monde occidental ultralibéral, qui revendique haut et fort la liberté de penser et d'agir comme l'un de ses principes souverains, il demeure, au sujet de l'avortement, une hypocrisie suspecte : l'avortement reste un impensé dans notre société. Avorter en 2020 en France est loin d'être une chose simple tant du point de vue sociétal que médical. D'ailleurs, comme l'a précisé le Comité consultatif national d'éthique le 11 décembre 2020 lorsqu'il a rendu son avis à propos de l'allongement de la durée légale pour une IVG : « Si la liberté d'avorter en France n'est pas remise en cause à ce jour, un faisceau de facteurs (découverte tardive de la grossesse, insuffisance de l'information et de mesures préventives, inégalités territoriales dans la prise en charge, non-respect de la loi...) peut contribuer à la difficulté de sa réalisation durant le délai légal autorisé, conduisant ainsi des femmes à ne pas pouvoir réaliser leur décision personnelle, sauf à solliciter un déplacement à l'étranger pour en concrétiser la réalisation[9]. » L'avortement est heureusement un droit – un droit à protéger tant et plus. Mais, en plus de sa légalisation, il doit devenir légitime, expression d'un choix libre et non seule conséquence d'un choix contraint.

Pour mieux comprendre cette affirmation, je souhaite apporter le témoignage de ce qui se joue à l'intérieur d'une femme qui avorte, charnellement, psychiquement, humainement. Je souhaite faire entendre la voix d'une autre souffrance : celle liée à un non-choix, à un choix contraint. Parfois, face à la réalité, à l'urgence de celle qui doute et qui se plie de douleur, on oublie aussi celui qui aurait pu être le père. Quand une femme prend la décision d'avorter parce que c'est son corps, parce que cette grossesse devient un impossible, une ligne de mort infranchissable sous peine de disparaître, alors elle n'entend plus la voix de celui qui l'a mise enceinte. Il n'y a plus qu'elle – et heureusement pourrait-on dire, instinct de survie oblige. Il n'y a plus qu'elle. Elle et son corps. Elle est cette grossesse qui devient une excroissance, une tu-meur entre ses entrailles. Il n'existe plus qu'elle et son silence. Elle et sa décision. Mais lui n'est pas une chose, une semence-sans-lui, une altérité anonyme.

Lui, c'est la cause. Elle oublie qu'il existe. Lui n'a pas à dire grand-chose face à la souffrance qui s'impose et qui prend toute la place, et pourtant il faudrait aussi lui donner la parole. Il a besoin qu'on lui donne la parole aussi, qu'il redevienne ou reste sujet. Qu'ils soient *ensemble*. Quand c'est possible. La souffrance n'a ni sexe, ni couleur, ni âge, ni frontière, ni genre. La souffrance est universelle.

Dans ce qui pourrait être une petite philosophie de l'avortement, je parlerai donc de souffrance. De la souffrance des femmes, de la souffrance des hommes, de la souffrance de la vie. Mais je parlerai aussi d'amour et de haine. De violence et de désir. De vie et de mort. De silence et de cris. De mutisme. De solitude et d'envahissement. D'espoir, enfin. Dans un avortement, il n'y a pas d'autres coupables que ceux que ça ne concerne pas : le regard des autres, la société, le monde médical, les institutions, les juges en tout genre, la famille, les moralisateurs.

Ajoutons qu'un avortement est intime, subjectif, personnel ; que chaque situation, chaque cas est trop particulier pour qu'on puisse prétendre à une quelconque parole qui se voudrait générale et, bien pire, se prévaudrait d'une forme de savoir. Mon but est très modeste : penser philosophiquement l'avortement à partir d'une expérience singulière et relever les enjeux éthiques et moraux liés au choix contraint. J'ai accompagné de nombreuses femmes ayant eu recours à l'avortement ainsi que quelques hommes qui ont éprouvé le besoin de raconter leur souffrance sur cette question. Mais il y a un cas qui me semble particulièrement emblématique du choix contraint tout en étant explicite sur différents enjeux fondamentaux de notre société contemporaine (la difficulté à la procréation, la place de la maternité, le contexte d'isolement et de vie hyperactive, etc.) : c'est celui de Clothilde.

Mais auparavant, il me faut rappeler dans quel contexte s'est effectué cet avortement.

Un paradoxe et un recours inévitable

En 1919, un ouvrage intitulé *L'Avortement*, écrit par Gabriel Giroud dit G. Hardy (1870-1945), ouvrage quasi médical, remporte un succès phénoménal et est traduit en plusieurs langues. L'auteur est un instituteur qui défend une vision malthusienne de la société. On y lit ces conseils adressés aux femmes :

> Les femmes doivent contribuer à une modification de la mentalité générale en ce qui concerne l'avortement. Nombre d'entre elles, presque toutes, ont été à un moment donné, prêtes à y recourir. Si elles se souviennent de leurs soucis, de leurs angoisses, de leurs terreurs lorsqu'elles ont été enceintes contre leur gré, elles protesteront par tous les moyens contre les insanités débitées dans les journaux à propos des manœuvres abortives, insanités injurieuses à la fois pour les malheureuses qui ont dû se résoudre à l'opération, et pour ceux qui les ont débarrassées du produit de leur « faute », de leur ignorance sexuelle. Par leur attitude hostile, en toute occasion, aux supplices légaux qu'on inflige aux avortées, les femmes pourraient provoquer l'abrogation rapide du funeste article 317. En attendant qu'il disparaisse du Code, elles ont le devoir strict de ne point médire de celles qui, pour une cause quelconque, ont été contraintes d'employer les

procédés abortifs ; elles ont celui de ne dénoncer ni avortées, ni avorteurs, ni avorteuses honnêtes. Elles doivent savoir que si les femmes sont opérées par les « faiseuses d'anges », c'est que ces dernières ont été sollicitées et même implorées. Quand il n'y a point violence, il y a service réclamé, service immense rendu[10].

G. Hardy espère donc en 1919 que l'article interdisant l'avortement sera « rapidement » aboli tant il constate de souffrance à ce sujet. Il faudra pourtant attendre 1975 :

Le 21 décembre 1974, le Parlement adoptait la loi Veil, promulguée le 17 janvier 1975, autorisant l'interruption volontaire de grossesse (IVG) sous certaines conditions. Le texte imposait un réexamen après 5 ans et, le 31 décembre 1979, le Parlement confirmait la loi de 1974. Fin 1982, le remboursement de l'acte par la sécurité sociale était voté. Plus récemment, la loi du 4 juillet 2001 a assoupli certaines dispositions[11].

Rapide rappel des assouplissements apportés par la loi en 2001 :

Le vote de 1974 traduisait l'évolution de l'opinion, qui s'était progressivement ralliée à l'idée d'une loi « libérale », la décision étant laissée explicitement à la femme que sa grossesse « plaçait dans une situation de détresse », restriction abandonnée en 2001. L'interruption volontaire de grossesse reste un acte médical particulier en ce qu'il engage des questions éthiques et philosophiques spécifiques : le droit a la vie, le droit de disposer de son corps, la relation à la maternité et au désir d'enfant, les rapports de couple, etc. En contrepartie de la liberté de décision laissée à la femme, la loi a donné la possibilité au médecin – fait exceptionnel – de refuser de pratiquer cet acte[12].

Il aura donc fallu attendre 2001 pour qu'on lève les circonstances particulières qui autorisent l'avortement ; que l'entretien pré-IVG devienne facultatif pour les femmes majeures ; que l'autorisation parentale ne soit plus obligatoire pour les mineures – même si la présence d'un adulte est requise... D'après une enquête publiée le 15 octobre 2019 sur le site d'information de La Documentation française, 224 300 avortements ont été réalisés en France en 2018 – soit une IVG pour trois naissances –, dont un quart en dehors de l'hôpital[13].

La surprise est que ce chiffre reste relativement constant si l'on en croit les statistiques de l'Ined (Institut national d'études démographiques) puisqu'en 1976, on réalisait 246 000 avortements[14]. Pourquoi, depuis plusieurs décennies, ce chiffre n'évolue-t-il pas ? En 2004, des sociologues et démographes se sont déjà penchés sur cette question[15], soulignant ce paradoxe : le recours à la contraception a largement progressé, mais le nombre d'avortements reste constant. Même si les femmes font usage de la contraception, constatent-ils, elles recourent facilement à l'avortement en cas de grossesse non désirée.

Qu'est-ce que cela signifie ? Il y a plus de cinquante ans, si une femme tombait enceinte, elle était contrainte de poursuivre cette grossesse non désirée : désormais, s'offre à elle la possibilité de ne pas la mener jusqu'à son terme… Malgré la contraception, elle l'utilise largement : cela signifie que l'avortement reste un recours inévitable dans la société.

Légaliser n'est pas légitimer

L'avortement en son essence même n'est pas neutre : il est en lui-même dilemme et en cela ne cesse de questionner l'éthique – si bien que la loi laisse à la libre appréciation du praticien d'accepter de le réaliser ou pas. Cette spécificité traduit à elle seule toutes les difficultés et les ambivalences qui y sont liées.

Avorter reste ainsi un combat très éprouvant pour la femme qui en fait le choix : la société a légalisé l'avortement mais ne l'a pas encore légitimé, comme si, par ce combat, la femme devait apporter la preuve de sa détermination. Comme le notent les sociologues et démographes cités précédemment, en conclusion de leur article :

> Bien que la légalisation de l'IVG fasse l'objet d'un très large consensus dans l'opinion, les conditions d'application de certaines dispositions légales demandent toujours à être soutenues. En France, et encore plus fortement dans d'autres pays (aux États-Unis, notamment), certains groupes cherchent à empêcher la pratique d'IVG, ces agissements étant sanctionnés par la loi depuis 1992. Pour ces minorités, les objections morales au principe de l'IVG sont incontournables et leur objectif reste la remise en cause des lois libérales. Par ailleurs,

des réticences existent toujours chez certains médecins, soit sur le principe, soit sur telle ou telle disposition légale. Mais au total, c'est moins une remise en cause du droit à l'IVG que l'on peut craindre qu'une dégradation progressive de sa prise en charge[16].

En 2014, toujours d'après les statistiques de l'Ined, plus de 20 % des personnes interrogées indiquaient ne vouloir autoriser l'avortement que dans un cas « limité et précis », par exemple quand la grossesse met en danger la vie de la mère. Une femme ne devrait donc avoir l'autorisation d'avorter que si elle a de « bonnes raisons » comme la mise en danger de sa vie ; l'avortement ne serait pas acceptable si c'est seulement l'expression de son choix sans qu'elle ait à se justifier.

Toujours en 2014, pour 52 % des Français (dont 55 % de femmes !) le nombre d'avortements n'était pas « une situation normale » mais « préoccupante » ; 72 % estimaient que « la société devrait davantage aider les femmes à éviter le recours à l'interruption de grossesse » ; 35 % n'étaient « pas d'accord » avec la loi de 2001 « autorisant les jeunes filles mineures à avorter sans que leurs parents soient au courant » ; enfin, 84 % (contre 16 %) étaient favorables à ce que soit « intégré dans le livret officiel remis aux femmes enceintes le détail des aides aux femmes enceintes et aux jeunes mères[17] ».

La situation en 2020 n'a pas beaucoup évolué. Non seulement les femmes qui font le choix d'avorter sont confrontées à des difficultés quant à la réalisation de leur choix, mais elles sont accablées par le poids du regard de la société qui, lui, ne change pas par décret.

Soulignons par ailleurs que certains praticiens refusent toujours d'admettre qu'une IVG puisse être traumatique. Des conditions qui rendent sa réalisation compliquée, douloureuse.

Ventre à terre

Venons-en maintenant au récit de Clothilde.

Clothilde vient de fêter ses 44 ans quand elle se présente à mon cabinet. Elle a l'air plutôt sûre d'elle malgré une tristesse qui ne quitte pas son regard. Elle élève seule ses deux filles. Elle travaille dans une maison d'édition et, dès le départ, je suis frappée par l'indépendance dont elle témoigne, qu'elle érige en véritable fierté. Elle m'explique venir me voir car elle vit très mal un avortement qu'elle vient de subir.

Après une relation qui a duré presque huit ans avec un homme qui ne voulait pas d'enfant, Clothilde s'est retrouvée célibataire avec, à 35 ans, un féroce besoin de maternité. Après deux ou trois relations sans lendemain, elle a compris que pour elle la situation allait être compliquée car si elle faisait le pari de chercher le « grand amour », c'est-à-dire un homme avec lequel elle pourrait fonder une famille, cela pouvait prendre des années. Et, après 40 ans, faire un enfant devient physiologiquement plus compliqué. Sans compter qu'elle risquait d'être à nouveau abîmée par une ou plusieurs déceptions sentimentales. Sa maternité dépendait donc d'un principe d'incertitude qui l'inquiétait profondément. Ajoutons que la première chose que voyaient les hommes qu'elle rencontrait était précisément son attente de maternité, et que cela en faisait fuir plus d'un.

Forçant le destin, elle s'était donc décidée à « faire un bébé toute seule » en allant en Espagne quand le hasard prit les choses en main. Lors d'une soirée où elle se rendit sans grande conviction, elle retrouva un homme, une vague et ancienne connaissance qu'elle n'avait vue qu'une seule fois huit ans auparavant. C'était un guitariste assez réputé qui avait, outre la guitare, une passion : les femmes. Il sautait sur tout ce qui bougeait, de manière compulsive. Elle le savait, mais cela ne l'empêchait pas d'admirer son talent. Lors de cette soirée, elle le revit avec plaisir et quelle ne fut pas sa surprise d'apprendre qu'il venait d'être père pour la seconde fois ! Mais il n'hésita pas à lui raconter qu'il restait « célibataire » et qu'il ne vivait ni avec les mères ni avec ses enfants. Et, à peine eut-il pris à son tour des nouvelles de la vie de Clothilde qu'il lui proposa du tac au tac de l'inséminer (c'est le terme que Clothilde choisit). C'est-à-dire qu'il lui proposa de lui faire un bébé, mais à condition qu'elle en assume la charge totale ainsi que la pleine responsabilité. Il se contenterait de reconnaître l'enfant. Cet homme lui plaisait : Clothilde décida d'accepter sa proposition, plus commode après tout que l'expédition en Espagne et qui permettrait à son enfant d'avoir connaissance d'un père. Tous les deux convinrent de se voir pendant les périodes d'ovulation de Clothilde.

Clothilde me confia alors combien ces moments de copulation, très brefs, quasi cliniques, où cet homme ne lui faisait pas l'amour, mais se contentait d'éjaculer en elle, l'avaient abîmée. Elle n'avait jamais vécu cela auparavant : c'était sans émotion, sans affect, sans amour. Cependant, au bout de trois mois, elle tomba enceinte.

Et c'est là que les choses se compliquèrent… Elle avait attendu toute sa vie de devenir mère tout en ignorant ce qui allait se passer en elle. Elle traversa cette grossesse dans une solitude sans nom. Sa famille était loin, elle n'avait que peu d'amis et elle continuait à travailler beaucoup. Elle se prit à rêver de partager cette aventure inédite de la parentalité avec le père, d'échanger avec lui sur ses ressentis, ses émotions, ses peurs et ses inquiétudes : en neuf mois, il ne vint qu'à une seule échographie. Plus le temps passait, plus elle éprouvait cependant le besoin de tisser des liens avec cet homme au point qu'elle oublia peu à peu le pacte faustien dans lequel elle s'était engagée.

Sans qu'elle s'y attende, un chaos s'abattit en elle : elle était tombée amoureuse. De toutes ses forces, elle chercha à s'en défendre, mais elle pensait à lui du matin au soir. En même temps, plus elle demandait à cet homme, plus elle attendait quelque chose de lui, et plus il fuyait. Et plus elle allait mal. Il était honnête et fidèle avec lui-même. Entre eux, il n'avait jamais été question d'une histoire d'amour. Mais jamais elle n'aurait pu imaginer un jour avoir autant besoin de quelqu'un : elle faisait l'expérience viscérale de la vulnérabilité, cette fragilité à fleur de peau, tellement humaine, qui la rendait dépendante pour la première fois de sa vie. Elle n'arrêtait pas de penser à cette réplique d'Isabelle Adjani dans le rôle d'*Adèle H.* de Truffaut (1975) : « On ne choisit pas ses parents, pourquoi on choisirait son mari ? », traduisant par là l'impuissance et la fatalité quant aux choix d'amour. Dans l'irrationalité que peut constituer une grossesse, elle se sentait comme condamnée à une évidence qu'elle n'avait pas choisie : elle aimait cet homme, qui allait être aussi le père de son enfant.

Naquit alors sa fille, et elle devint mère. Pendant de nombreuses années, les relations avec le père furent assez chaotiques : son amour pour lui l'envahissait au point de le faire fuir ; son éloignement la plongeait dans des angoisses sans nom, pour elle et pour son enfant. Lui vivait sa vie, libre, il avait de nombreuses aventures et histoires d'amour, il ne l'aidait en rien et pouvait passer plusieurs semaines sans venir voir sa fille. Il leur arrivait d'avoir parfois des relations sexuelles sans qu'il y ait toujours beaucoup d'amour, mais elle aurait donné, accepté, fait n'importe quoi pour construire un semblant de famille, simplement pour partager des moments ensemble. Son quotidien était dur car elle était très isolée et elle sombra peu à peu dans un post-partum insidieux qui s'installa durablement. Elle apprit à vivre avec cette tristesse en fond, avec cette déception – non celle du père, de l'homme – mais de la vie.

Un deuxième enfant

Très vite, elle eut peur que sa fille éprouve un certain rejet de son père, puisque ce dernier n'avait jamais aimé sa mère. Et, sachant que cet homme avait fait et ferait d'autres enfants selon le même schéma – engrosser des femmes désespérées de maternité, ne rien assumer, ne vivre que pour lui –, elle vit sa fille noyée dans une fratrie sans amour, sans intérêt. Elle commença alors à réfléchir à l'idée de faire un second enfant : à deux, ils seraient plus forts.

Quand sa fille eut atteint 3 ans, et fut devenue plus autonome, elle réfléchit sérieusement à cette possibilité. Malgré les rejets et les moments d'indifférence, elle continuait à aimer cet homme comme une évidence, comme une partie d'elle-même. Elle acceptait les humiliations comme les mépris. Quand elle le lui demanda, il accepta. Ils reprirent leurs rendez-vous réguliers en vue d'une fécondation. Elle me raconta alors l'excitation qui était la sienne quand elle traversait tout Paris pour retrouver son amant, le père de sa fille, l'homme qu'elle aimait. Cependant, elle avait vieilli, ce n'était pas facile pour elle de tomber enceinte. Ils essayèrent plusieurs mois. Elle découvrit qu'elle était enceinte alors qu'elle se trouvait dans son village d'enfance, elle y vit un signe. Elle était heureuse comme jamais. Malheureusement, au bout de trois semaines, elle fit une fausse couche. Quand elle voulut lui faire part de son chagrin, il l'expédia en disant qu'une fausse couche, cela arrive à toutes les femmes, il n'y avait pas de quoi pleurer, que ce n'était rien. Elle sombra. Il se montra, dans la période qui suivit, particulièrement distant, froid, ailleurs. Il était agacé par sa présence, il ne la supportait plus. Elle ne comprenait pas ce qu'elle avait fait, ce qu'elle aurait dû faire. Elle sombra plus encore. Elle me confia que raconter ce moment de sa vie lui donnait encore mal au ventre. Elle se disait « brûlée ».

Début janvier, ils reprirent cependant leurs rendez-vous en vue d'une fécondation. Un soir, il lui avoua qu'il était en train de faire un bébé à une autre femme, en même temps qu'à elle. À cet instant, Clothilde comprit, elle comprit dans sa chair à quel point cet homme ne l'aimait pas, que faire un enfant ou deux avec elle ne représentait rien pour lui, qu'elle n'était qu'un ventre. Quelque chose en elle se brisa, quelque chose de profond. Elle ne pouvait concevoir comment un homme pouvait faire deux bébés en même temps à deux femmes sans aucune conscience ni respect pour la vie… Et prenant conscience que leur propre père ne tenait pas plus que cela à la venue de ses enfants, elle se trouva confrontée à un terrible dilemme : renoncer à faire ce deuxième bébé, car c'était prendre trop de risques pour cet enfant à venir qui à peine né aurait été plongé dans une sorte d'indifférence paternelle et dans la concurrence d'un frère ou d'une sœur. Quel désir pour cet enfant, perdu dans la naissance de plusieurs enfants en même temps ? Cette représentation lui était intolérable – mais dans ce cas sa première fille se trouverait seule ; ou alors persister, et mettre toutes les chances de son côté pour faire en sorte que cette grossesse arrive vite, le plus vite possible avant que n'advienne l'autre enfant en préparation. N'est-ce pas ce qu'on peut appeler un choix contraint ?

Elle décida d'aller jusqu'au bout, tout en s'enfonçant dans une dépression et une angoisse qui durèrent quasiment deux ans. Rapidement, elle prit rendez-vous avec son gynécologue pour une aide médicale. Au moment où elle parla à cet homme de la nécessité de signer un document pour qu'elle pût bénéficier d'une prise en charge financière pour l'aide médicale à la procréation, celui-ci lui indiqua que ce n'était pas possible, car il avait déjà signé ce document pour l'autre femme, qui, plus âgée, avait entamé une FIV… Ce jour-là, après cet aveu, en « baisant » avec lui – Clothilde insista sur le mot « baiser », car c'est avec cet homme qu'elle avait appris ce que c'était que « baiser », avec l'impression de devoir se prostituer : pendant ces moments, elle s'absentait pour survivre, dans un mécanisme psychique bien connu de dissociation si fréquent chez les victimes de violences –, ce jour-là en particulier, elle repassait la scène sans cesse dans son esprit : le papier *déjà* signé avec *l'autre*, elle imaginait leurs rendez-vous ensemble chez le médecin tandis qu'elle, qu'il n'avait déjà jamais accompagnée pour leur premier enfant, irait seule. Une question la hantait : comment avait-elle pu autant aimer cet homme qui la traitait ainsi, qui lui démontrait qu'il ne l'avait jamais aimée ? Si tout amour peut être le symptôme de quelque chose, il était clair que, dans le cas de Clothilde, nous étions en plein masochisme moral.

Elle tomba enceinte quatre mois après avoir commencé le traitement. Elle avait pris énormément de poids. Était-ce les hormones ou simplement un manque, un vide à combler ou encore une angoisse à déjouer ? En tout cas, elle vivait très mal dans ce corps qu'elle ne reconnaissait pas. Les remarques des gens sur son surpoids étaient aussi très douloureuses, la faisant passer pour une femme qui se laissait aller, ou encore pour quelqu'un qui se négligeait. Malgré tout, nul n'aurait pu imaginer ce qu'elle traversait, le combat qui était le sien, pour son bébé, pour ses bébés. Puis en creux, au cœur d'elle-même, il y avait ce résidu d'amour, cet amour paradoxal qu'elle ne cessait d'alimenter avec des fantasmes : « Peut-être qu'au fond il m'aime aussi ? C'est possible d'aimer plusieurs personnes en même temps, n'est-ce pas ? »

Lui s'en tenait au contrat. Il voyait sa fille de temps en temps, ne donnait rien de plus, se contentant d'être sympathique, aimable, et même affectueux, sans qu'aucun lien de complicité ne s'établisse entre eux. Mais elle ne pouvait rien lui reprocher, il ne lui avait rien promis. Il faisait « ce qu'il voulait », le pire étant sans doute qu'il le faisait avec son consentement et son assentiment à elle. La solitude et le silence qui l'accompagne ne la quittaient pas.

Une deuxième petite fille vint au monde, et le père assista à l'accouchement. Une bonne étoile avait fait en sorte que cet autre bébé qu'il était en train de faire avec cette autre femme n'arrivât pas. Clothilde en garda une gratitude envers la vie quasi mystique et les premiers mois qui suivirent l'arrivée de cette petite fille furent idylliques. Un rapprochement semblait s'être opéré entre le père et elle : elle passait des moments qu'elle qualifiait d'« extatiques », entre ses deux enfants et leur père.

Nous étions au début du mois de juillet. Elle s'était rendue, comme à l'accoutumée, dans le sud de la France pour les vacances. Elle avait loué la petite maison d'un ami, au bord de la mer. Bien qu'encore dans une certaine euphorie, elle éprouvait une grande fatigue et avait beaucoup de difficultés à réaliser les activités de la vie quotidienne : courses, ménage, lessives, bains et repas des enfants. Et elle ne comprenait pas pourquoi, malgré le régime post-grossesse qu'elle avait entamé, elle ne maigrissait pas.

Juste avant les fêtes du 14-Juillet, elle eut une explication : elle était à nouveau enceinte. Enceinte du père de ses enfants. Pourtant, lors de leur dernier rapport, elle avait pris la pilule du lendemain. Elle était certaine qu'elle ne risquait rien. Malheureusement, il y a des cas où la fécondation est immédiate et prendre la pilule du lendemain ne sert strictement à rien. Elle l'apprit à ses dépens.

Elle appela immédiatement le père de ses enfants. Il fut surpris mais accueillit la nouvelle avec joie. Il fut élégant : il lui laissa le choix de le garder ou non, mais cet enfant-là, il le voulait – elle découvrit plus tard que le projet pour l'autre bébé n'aboutirait pas, et que là se trouvait sa vraie motivation : il avait besoin de compenser l'échec qu'il essuyait avec l'autre femme auprès de qui il s'était tant investi.

C'est alors que débuta le drame de Clothilde. Un drame qui dura presque six semaines. Après l'annonce de cette grossesse, elle commença à se replier sur ses enfants et sur elle-même. Elle avait ce petit bébé de 6 mois qui attendait tellement d'elle et qu'elle avait tellement attendu… Elle avait cette grande fille de 4 ans, bientôt 5… Puis il y avait elle…

Un non-choix au creuset du doute

Garder ou non ce troisième bébé ?

Elle me l'avoua dans une fragilité qui me saisit de part en part : elle n'était pas prête à faire le deuil de la maternité. Peut-être qu'un jour, comme une folie que l'on cache tout au fond de soi, un rêve ineffable, elle aimerait peut-être avoir un troisième et dernier enfant. Tomber enceinte n'était que la réalisation d'un désir inconscient, pensait-elle, elle en était convaincue. Elle le voulait, ce bébé, elle le voulait tout au fond d'elle-même...

Mais, en même temps, pas maintenant... Une nouvelle maternité tout de suite, avec ce petit bébé de 6 ou 7 mois, puis cette grande fille, c'était trop...

Était-il cependant envisageable d'y renoncer, avec le risque de perdre définitivement l'homme qu'elle aimait ? Faire face à un avortement lui semblait déjà inconcevable mais, plus encore, avorter d'un homme qu'elle aimait tant.

Mais si elle avait de quoi élever deux enfants, serait-elle capable d'assurer les mêmes conditions de vie pour trois, étant entièrement seule ?

Hésitante et tiraillée, elle passait des nuits sans dormir. La fatigue devenait un cancer qui la rongeait de l'intérieur chaque jour un peu plus. Elle était devenue très irascible. Certes, il était clair qu'elle désirait ce troisième bébé ; elle me répéta avec ce désespoir au fond des yeux qui ne la quittait pas : « Madame, vous savez ce que ça fait d'avorter d'un homme qu'on aime ? »

L'inconscient est puissant. Mais l'instinct de vie aussi. Les doutes, telle une lame de fond, envahissaient chaque instant de son quotidien. Elle allait à la mer, chargée d'un parasol, d'une petite tente, d'un grand sac de plage, tenant son aînée par la main, un bébé accroché sur son ventre... et un autre bébé en préparation à l'intérieur de son ventre... Les courses aussi, c'était un enfer : « Vous avez déjà essayé de vider un caddie avec un bébé de 6 mois sur le ventre ? » Il faisait très chaud, elle était enceinte de presque six semaines déjà...

Elle avait beau se dire que ces moments difficiles avec des

enfants en bas âge ne dureraient qu'un temps : ce n'était qu'une question d'un an ou deux… ça passe vite dans une vie, un an ou deux… il y avait quelque chose d'inhumain dans cette banalité du quotidien. Quelque chose d'intolérable, d'insupportable, d'incompréhensible : comment se faisait-il qu'une femme de sa génération, cultivée, libre, indépendante en tout point, pouvait se retrouver dans une telle solitude, dans une telle détresse, face à de telles difficultés ?

Sauver sa peau

Elle avait commencé à parler un peu de sa situation aux personnes qui l'entouraient, certains membres de sa famille et quelques amis d'enfance. Mais elle cessa rapidement de le faire car rares avaient été les réactions positives : la plupart du temps on lui signifiait qu'elle faisait le mauvais choix en voulant garder ce bébé ; parfois, c'était plus violent et Clothilde me rapporta ces paroles : « Mais comment a-t-elle pu faire ça, juste après un accouchement… c'est *sale.* » Une *souillure*… Dans le regard de certains, elle se sentait une sorte d'animal – qui se fait prendre et reprendre, qui se reproduit bestialement.

Le père de ses enfants lui-même semblait de plus en plus distant. Il devait venir passer une semaine de vacances avec eux, mais n'arrivait pas. Elle savait au plus profond d'elle que, sa décision, elle serait entièrement seule à l'assumer.

Après une attente interminable, le père de ses enfants vint enfin. Mais de cette euphorie qui avait suivi la naissance de leur fille, il ne restait rien. Il était ailleurs, absorbé par son travail, la composition d'un nouveau disque avec son groupe. Il ne la voyait pas, ne l'entendait pas. Pour lui, tout allait bien.

C'est à ce moment, ce moment précisément, qu'intérieurement elle s'était effondrée. *Effondrée* est ici un mot si juste… anéantie tout d'un coup, en ruine. Elle n'était plus rien. Elle n'existait plus. Entre elle et lui s'est instauré un silence, un non-dit, une incapacité totale d'échange. Elle attendait de lui ce qu'il ne pouvait lui donner.

Un souvenir lui revint, alors qu'elle était en train d'étendre le linge dans le jardin, rompue de fatigue, sous une chaleur accablante, alors que la petite pleurait à l'étage, elle surprit cet homme devant Skype, riant à gorge déployée avec l'une de ses amies. Cette complicité entre eux, qu'elle n'avait jamais pu créer avec lui malgré tous ses efforts, lui donna envie de hurler, et elle se mit à hurler comme une folle, possédée, diabolique. Il ne comprit rien, mettant cette crise sur le compte de la jalousie et la forçant à s'excuser.

Bientôt ce corps duquel elle se sentait prisonnière, ce corps-prison qui ne cessait de s'alourdir et qui ne lui appartenait plus, ce corps qu'elle traînait comme un fardeau devint si lourd qu'elle n'arrivait plus à avancer. La nuit, son nouveau-né la réveillait une fois ou deux ; le jour, elle tenait à peine debout. Elle n'était plus en mesure d'exprimer le moindre désir. Pour avoir des désirs, il faut encore exister, mais elle n'était plus qu'un corps en sursis.

En écoutant Clothilde, je pensai soudain à cet article polémique qu'avait écrit Marguerite Duras sur Christine

Villemin, en 1985. Duras décrit si bien ce moment de non-vie dans lequel peut se trouver une femme :

> Même le temps ce jour-là elle n'arrive plus à le tuer. Elle ne regarde plus personne, sauf le dehors, ce vent qui revient avec l'automne, ce cauchemar, ce froid, ces journées de plus en plus courtes comme le temps qui reste avant la fin. Pendant ces soirées-là ces femmes n'arrivent plus à lire. Dans le degré d'incandescence qu'atteignent parfois dans leur maison le silence et la disparition de la vie, elles ne doivent même plus parler avec les hommes. Plus rien entre eux que ces enfants qui attendent. Même les enfants, quand ils parlent, elles devraient les faire taire. Comment ne les voient-ils pas, eux, les hommes. Qu'elles n'ont plus rien d'autre à faire que cela dont on parle, même pas mourir, elles[18].

Et, un soir, *ça* a cédé. Alors que la petite pleurait sans cesse, que le père avait accepté d'aller la consoler mais qu'elle l'avait vu redescendre bientôt, impuissant, elle comprit ce qui lui restait à faire : la prendre avec eux et l'endormir. « C'est à cet instant, me dit Clothilde en prenant une longue respiration, c'est à ce moment, reprit-elle en se redressant dans une dignité que je n'oublierai jamais, qu'en moi est née *la rage* » : un sentiment d'une violence aussi grande que la vie elle-même, quand il ne reste plus que le choix de vivre ou de mourir ; un sentiment au-delà du pulsionnel, quasi instinctif, qui vient du ventre ; un cri si fort « qu'il peut dévaster trois montagnes et soulever un océan », précisa-t-elle sans trouver de comparaison plus juste. Cette rage qui n'était pas une colère, qui n'était pas un emportement, qui n'était pas une humeur, cette rage était le socle de la vérité et elle eut le sentiment d'accéder à une forme d'absolue lucidité : « la rage du ventre des femmes qui crient dans le silence et qui n'ont plus avec elle que la force de la vérité ». Cette description quasi charnelle de Clothilde me rappela une nouvelle de Dino Buzzati, « L'œuf », dans *Le K*, qui témoigne de la puissance d'une mère. Gilda, de condition très modeste, et sa fille, Antonella, sont frappées d'injustice. Elles se rendent clandestinement à une chasse aux œufs de Pâques dans une villa royale. Des enfants jouent de façon perverse et humiliante avec Antonella qui n'est pas du même milieu qu'eux. Elle aura un œuf qu'elle devra rendre quand on découvrira qu'elle n'a pas été invitée. Dans ce récit surréaliste, les mots de Gilda se transforment en une arme plus puissante qu'une armée entière, plus puissante qu'une bombe atomique. S'il me fut donné d'imaginer à quoi pouvait ressembler le sentiment dont parlait Clothilde, c'est à cette rage-là que je songeai, une rage au-delà du pulsionnel et en même temps tout à fait rationnelle. Une rage rationnelle et libre en même temps, une rage d'un ventre de femme capable de terrasser une armée. C'était à « L'œuf » que je pensai, à Gilda qui « par ses paroles tue de nombreux militaires et détruit même des chars d'assaut ». Rien ne peut venir à bout de sa rage, à tel point que le secrétaire général de l'ONU fut chargé de négocier autour d'une tasse de café. Gilda dit simplement : « Je veux un œuf pour ma petite. » Un simple œuf en carton.

Cette rage fut la lumière de Clothilde, son accès à la vérité, son retour à la vie. Toujours dans le silence, elle monta avec douleur l'infranchissable escalier, elle courut vers son bébé en pleurs et, au moment de la prendre dans ses bras, elle n'y parvint pas : elle n'arrivait pas à porter son bébé. Sa petite chérie était trop lourde pour ses forces, le lit où elle dormait, trop bas. Elle prit le temps de se ressaisir et à nouveau, portée par la *rage*, elle s'élança tout au fond du lit pour soulever à bout de bras, à bout de forces le bébé. Contre son cœur, elle l'embrassa, elle la rassura, elle lui parla, elle lui chantonna une berceuse tout en se dandinant.

Pour la première fois en six semaines, la décision s'imposa à elle, au-delà de toutes les raisons, au-delà de tout sentiment, un principe, un principe de vie qui lui dictait avec clarté et évidence comment elle devait agir pour sauver sa peau. C'est alors que s'est présentée cette sorte de *principe de vie* – un principe qui ne défend pas la vie à tout prix, car parfois, *sauver sa peau* cela signifie aussi ne plus vivre, un principe qui nous montre avec clarté, dans des circonstances de non-choix, de choix contraints, comment on peut survivre.

Le lendemain matin, sans en parler à personne, se cachant de tous, elle contacta son gynécologue et lui expliqua la situation.

Décider malgré soi : un au-delà du désir

Ce qu'il y a de plus délicat concernant la question de l'avortement, c'est précisément le choix auquel il renvoie et plus largement la notion de *dilemme moral.* La douleur du tiraillement est celle qui oppose la responsabilité de la potentialité d'une vie et l'incapacité de l'autre à l'assumer.

S'il y avait une certitude sur l'incapacité à s'occuper de la potentialité de cette vie pour diverses raisons objectives (physiques, psychiques, matérielles ou morales), alors, il n'y aurait pas de dilemme : dans ce cas, ne pas poursuivre cette grossesse devrait être clair. Mais là encore, quand bien même nous aurions ces certitudes, le doute ne disparaîtrait pas pour autant, car, d'une part, nous ne savons rien de l'avenir (et les conditions d'impossibilité pourraient se modifier positivement dans l'avenir) et, d'autre part, ces raisons objectives ne sont en rien comparables par leur importance avec le fait de *donner vie à la vie*, c'est-à-dire face à des raisons intrinsèquement subjectives.

Tout d'abord, nous pouvons dire qu'on ne peut pas mettre sur le même plan des conditions d'existence à venir et la vie elle-même. Ensuite, on s'aperçoit que la seule condition dont dépend réellement l'advenue de la vie, c'est la mère. Il suffit d'une mère pour qu'un enfant survive, une mère est à elle seule ce qui nourrit, ce qui protège, ce qui prend soin d'un enfant. Et c'est pour cela que choisir d'avorter ou non est si difficile pour une femme, parce que, dans le jeu d'une réduction quasi occamiste, cela ne dépend que d'elle. Une femme qui décide d'avorter aura toutes les raisons objectives de le faire, tout le monde pourra lui donner raison, le géniteur, la famille, les amis, la société, l'éthique... elle n'en sera pas pour autant tout à fait quitte avec elle-même. Et c'est bien là tout le problème. Et cela, pour une raison simple : la sacralité de la valeur de la vie.

Certains pourraient y voir un conditionnement religieux et moral. Pour autant, il me semble que la question de la sacralité de la vie n'est pas tant affaire de culture ou d'éducation que d'humanité. Si ce qui fonde la société – et un principe d'humanité –, c'est l'interdit du meurtre (les mythes, Freud ou encore Levinas nous le rappellent constamment, pour ne citer que ces références), c'est bien parce que l'on considère que la vie est une valeur sacrée.

On se trouve à nouveau face à un *choix contraint*, un choix qui n'en est pas vraiment un : le sujet a certes toujours la possibilité de choisir, mais le choix qu'il a à faire est tellement extrême, tendu, si loin de son propre désir qu'il se fait contrainte.

Passage à l'acte

Le film *Sibyl* (Justine Triet, 2019) met en scène de manière explicite le choix contraint lié à l'avortement. Sibyl est psychanalyste et mère d'une petite fille. Elle accueille Margot, une actrice agitée, qui lui confie qu'elle est tombée enceinte sans l'avoir voulu et doit décider rapidement si elle doit avorter ou non. Sibyl plonge de façon quasi obsessionnelle dans le cas de cette patiente, jusqu'à faire resurgir en elle des souvenirs profondément enfouis dans son passé. *In fine*, Margot avorte et on apprend que Sibyl a fait le choix, jadis, de garder un enfant dont on imagine aisément qu'elle aurait pu avorter. Ces deux personnages féminins se trouvent donc au cœur d'une même problématique avec deux issues différentes, et il est montré avec finesse que, quelle que soit l'issue choisie, ce n'est simple ni pour l'une ni pour l'autre. On comprend qu'il n'y a pas une *bonne décision*, seulement celle qui permet de sauver sa peau dans des circonstances extrêmes qui sont au-delà du désir.

Clothilde me décrivit longuement le parcours qui fut le sien pour trouver un praticien qui accepterait de réaliser l'intervention à la fin du mois d'août. Son propre gynécologue lui expliqua qu'il n'aimait pas pratiquer ce type d'intervention car lui, il avait choisi ce métier pour donner la vie, pas pour l'enlever. Mais Clothilde était bientôt à sept semaines d'aménorrhée, il fallait faire vite : il lui indiqua une clinique à Paris.

Sur le chemin pour s'y rendre, elle avança hagarde, avec l'impression de se diriger vers l'abattoir. Seule. Pas d'amis, pas de famille. Personne. Personne pour lui tenir la main.

Le médecin la reçut sans la regarder. Lorsque Clothilde donna son poids pour le remplissage du formulaire, enfin il leva les yeux pour marquer son étonnement. Sans doute ne l'avait-il pas envisagée aussi « grosse ». Ce regard accentua sa douleur, imprégna sa honte plus encore.

Puis, le lendemain, ce fut l'intervention. Nue et dépouillée, on l'installa sur un brancard pour l'emmener au bloc. Là, elle se trouva parmi plusieurs femmes, toutes habillées d'une surblouse bleue dans une file d'attente de brancards. Toutes comme elle. Ici, on faisait des avortements à la chaîne : elle trouva cela ignoble, terrifiant. Un instant, elle eut envie de faire machine arrière, de tout arrêter. Elle n'était pas prête à faire le deuil de la maternité. Tout cela lui paraissait complètement contradictoire. Elle avait besoin de parler à quelqu'un. Elle appela des soignants, l'anesthésiste… tout le monde la rassura, ils avaient « l'habitude », mais elle, elle était en plein cauchemar, elle ne voulait pas, elle ne voulait plus[19].

La salle de réveil. Elle entendit vaguement des infirmiers à la voix lointaine, rire, parler, elle sentait les corps endormis d'autres femmes près d'elle. Elle se dit : « Voilà, c'est fait. » Elle perdit à nouveau conscience. En ouvrant les yeux, elle sentit son ventre vide, elle pouvait le « rentrer » à nouveau. Elle sentit ce vide physiquement : il n'était plus là.

La clinique ne l'autorisait à sortir qu'à condition que quelqu'un vienne la chercher. Clothilde n'avait personne à qui le demander. Elle décida de demander à un chauffeur Uber de se faire passer pour un ami proche : il accepta et ce simple geste d'humanité, gratuit, l'émut profondément.

Quelques jours plus tard, il y eut cet ultime rendez-vous postopératoire avec le médecin qui l'avait avortée. Au moment de partir, il lui fit une ordonnance sur laquelle était inscrit un médicament qu'elle devait prendre une fois par mois. Une fois chez elle, elle découvrit alors qu'il s'agissait en fait de la pilule qu'il lui avait prescrite sans l'informer, sans rien connaître de son dossier médical ou de sa sexualité et sans lui demander son consentement, comme si elle n'était pas capable de comprendre, incapable de réflexion et de choix. Cette chosification de sa personne ne fit qu'accentuer sa culpabilité et sa honte…

Je me suis longuement attardée sur l'exposé du cas de Clothilde parce qu'il me semble archétypal de plusieurs problématiques sociétales : la difficulté pour certaines femmes d'accéder à la maternité ; les situations de choix et de culpabilité contraints ; les discours ambivalents sur l'avortement par rapport à la réalité de terrain ; les regards-juges…

J'ai accompagné Clothilde le temps nécessaire pour

qu'elle puisse peu à peu se reconstruire. Au fil des mois, le père de ses enfants et elle ont fini par discuter. Elle a reconnu sa part de responsabilité dans toute cette histoire et lui a demandé pardon, elle en avait besoin. Lui, en retour, s'est peu attardé sur la blessure que cet avortement lui avait causée, et a fini par comprendre et par lui dire qu'il tenait à elle. Tous les deux ont fini par trouver un certain apaisement, un certain mode de vie, « pas ensemble, mais pas seuls » non plus. Cela fut sans doute la part la plus importante dans la réparation psychique de Clothilde.

Je ne sais pas si l'amour qu'éprouvait Clothilde pour cet homme était l'effet d'un symptôme qui répondait à sa névrose, à son besoin de « faire famille » ; s'il était l'expression de son masochisme, de son angoisse d'abandon, de ses déficits narcissiques, ou, au contraire, l'expression de la rencontre avec le véritable amour, celui qui pardonne tout, celui qui continue à vivre par-delà les souffrances, et qui n'est compris que par peu tant il flirte avec le transcendant. Mais ce que j'ai entendu, c'est *qu'aucune femme n'est fière d'avoir avorté.* L'avortement pose de nombreux dilemmes ; et cette question en appelle à une réflexion sociétale, tout autant qu'elle est intime et subjective. De plus, je pense qu'un suivi psychologique gratuit devrait être proposé à toute femme traversant ce genre d'expérience ; ne serait-ce que pour « déposer » une parole quelque part, à quelqu'un et ne pas « garder » le silence.

Le droit à la vie versus *le droit à l'avortement*

La question éthique fondamentale que pose la notion d'avortement relève de ce qu'on appelle « le droit à la vie », puisqu'elle concerne la reconnaissance de la personne humaine : à quel moment reconnaît-on qu'un fœtus peut être considéré comme une « personne » et en cela a droit à la vie et à sa préservation ? Le seul fait qu'un fœtus en cours de développement existe fait-il de lui une « personne », c'est-à-dire un sujet qui pense et qui a conscience, ou bien – position totalement inverse – le fœtus en cours de développement n'est-il qu'un amas de cellules bien loin de la « personne humaine » ?

Doit-on se contenter d'une vision strictement biologique du sujet ou alors sociale et culturelle ? Il est très difficile de trancher sur cette question, d'autant que les avis peuvent varier en fonction de certains contextes, cultures, religions, valeurs.

Le Comité consultatif national d'éthique (CCNE) a proposé, dans un avis datant du 22 mai 1984, la dénomination claire de « personne humaine potentielle qui est ou a été vivante et dont le respect s'impose à tous[20] ». Elle ne concerne pas les « embryons ou fœtus dont la non-viabilité est certaine, c'est-à-dire avant la 22e semaine gestationnelle (20e semaine à compter de la date probable de la conception)[21] ». En d'autres termes, la personne humaine potentielle, avec le droit à la vie qui lui est octroyé, naît après 20 semaines de grossesse.

Cette approche, plus culturelle ou éthique que biologique, a fait l'objet de critiques et ne parvient pas à faire consensus. Certains rappellent en effet que, d'un point de vue strictement médical, une cellule ou plusieurs peuvent porter en elles la trace de la conscience. Et que cette dénomination de « personne virtuelle » ne renvoie à rien. Les débats éthiques sur cette question font rage.

Mais est-ce vraiment là qu'est la question ?

La philosophe Judith Jarvis Thomson a pris position en faveur de l'avortement dans un célèbre article[22] où elle déplace intelligemment le débat. Admettons, pour les besoins de l'argumentation, que la dénomination du CCNE soit fausse et que le fœtus soit une personne dès sa conception. Toute personne a droit à la vie ; et le droit à la vie est plus fort que le droit de la mère à décider de ce qui doit advenir dans son corps, qu'on ne peut lui dénier par ailleurs. Nul avortement ne peut être pratiqué.

Mais alors prenons l'exemple d'un violoniste virtuose atteint d'une maladie rénale rare nécessitant pour être sauvé un type sanguin que vous êtes seul(e) à posséder ; ses amis vous ont kidnappé(e) et vous vous réveillez couché(e) à côté de lui, son système de drainage branché sur vos propres reins. Bien qu'on ne vous ait pas demandé votre avis, on vous en remercie et on vous explique que c'est l'affaire de neuf mois seulement : impossible de le débrancher d'ici là car cela reviendrait à le tuer – ce qui représenterait le meurtre d'une personne innocente. Mais ce sont neuf mois de votre vie qui vous sont volés pour sauver la vie d'autrui ! Et si cela finalement doit durer neuf ans, ou plus encore ? Peut-on moralement exiger de vous d'accepter une telle situation ? Peut-on concevoir que le droit à la vie du violoniste l'emporte sur votre droit à décider ce qu'il advient de votre corps et de votre vie ? Pourquoi n'en serait-il pas de même pour la mère et l'enfant à naître ?

Bien sûr, dans le cas du violoniste, il y a eu contrainte – mais dans le cas d'une grossesse consécutive à un viol ? Et si on admet que, dans ce cas, l'avortement est admissible, cela signifie-t-il que le droit à la vie des personnes qui viennent au monde à la suite d'un viol soit inférieur à celui des autres ? Il ne suffit pas d'affirmer que le fœtus est une personne et de rappeler que toutes les personnes ont un droit à la vie ; il faut aussi démontrer que tuer le fœtus viole le droit à la vie.

Mais, surtout, sur quoi s'appuyer lorsque, concrètement, on est en proie à un tel choix ? En quoi la réflexion éthique peut-elle nous aider ? Car dire à Clothilde qu'elle a jusqu'à 12 ou 14 semaines pour avorter et/ou lui dire qu'à partir de 22 semaines, son fœtus deviendra dans l'esprit de la loi un « bébé » parce qu'il est considéré par la médecine comme « viable » ne l'aidera pas.

Le problème, comme le souligne le CCNE, réside dans le fait que « la pratique d'une IVG ne peut être considérée comme un acte médical ordinaire[23] ». Cette affirmation rend d'autant plus difficile la constitution d'une réflexion éthique capable d'aider à la prise de décision. Nous pouvons cependant examiner deux approches possibles : celle des quatre principes bioéthiques énoncés par Beauchamp et Childress (1979)[24] et celle inspirée par les quatre vertus d'Aristote.

Les quatre principes bioéthiques

Dans *Principles of Biomedical Ethics*, livre polémique paru pour la première fois aux États-Unis en 1979, Tom Beauchamp et James F. Childress énoncent quatre principes capables de guider toute décision médicale dans le respect de la bioéthique :

– Le principe (du respect) de l'autonomie : toute personne doit être considérée comme littéralement *auto-nomos* (qui se donne « à elle-même sa propre loi »), comme capable de ses propres choix, sans que son jugement soit entravé par des circonstances physiques, psychologiques ou mentales ; respecter son autonomie suppose un *consentement éclairé*, c'est-à-dire qu'une information suffisante lui ait été donnée.

– Le principe de bienfaisance : il interroge l'action accomplie, laquelle doit contribuer au bien d'autrui – ce qui implique de trouver un équilibre entre le respect de l'autonomie de la personne et le fait de lui vouloir du « bien » (enjeux et paradoxes de la bienveillance).

– Le principe de non-malfaisance : il s'agit de ne pas infliger de préjudice intentionnel – le *primum non nocere* (« d'abord ne pas nuire ») du serment d'Hippocrate ; principe crucial qui pose la question de l'intentionnalité, et se révèle parfois en contradiction avec le principe de bienfaisance, avec des aléas thérapeutiques imprévus.

– Le principe de justice : c'est un principe d'ensemble qui réclame des règles justes d'attribution des ressources en santé à tous – distinct du principe d'équité, quand il s'adresse à l'ensemble de la société quand l'équité concerne un individu dans son rapport à l'autre.

Mais ces principes ont-ils quelque valeur quand il s'agit d'aider Clothilde à prendre sa décision ?

– Le principe du respect de l'autonomie a été respecté en ce qui la concerne, en ce sens que toutes les informations lui ont été données concernant sa décision, modalités, prise en charge… Mais comment respecter un choix quand la patiente, précisément, ne *sait* pas ce qu'elle veut ?

– Le principe de bienfaisance : comment définir, de l'extérieur, où se trouvait le bien de Clothilde ? Nulle autre qu'elle-même ne pouvait répondre à cette question – en revanche, il était possible de lui tendre une main matérielle et humaine en lui proposant de la soulager un peu dans le quotidien.

– Le principe de non-malfaisance : ne pas lui faire de mal, respecter ce qu'elle est, ce qu'elle dit ou ne dit pas, et l'écouter sans jugement, c'était possible, mais n'éclairait toujours pas son choix.

– Le principe de justice : on pouvait l'évoquer, tout comme celui d'équité, à propos de ses deux autres enfants que la naissance d'un troisième enfant aurait pu priver d'attention – mais comment en être sûr et avancer un tel argument ?

Aucun de ces quatre principes bioéthiques ne pouvait aider Clothilde à s'échapper du choix contraint.

Les quatre vertus[25]

Essayons du côté de l'éthique arétique, en nous appuyant sur Aristote. Dans *Éthique à Nicomaque*, livre qui porte à la fois le nom de son père médecin et celui de son fils, Aristote met en avant quatre vertus majeures capables d'orienter nos comportements :

– le courage (ou la force d'âme) : être capable de dépasser la peur ;

– la prudence : forme de sagacité qui aide à agir rationnellement ;

– la tempérance : c'est la juste mesure, le juste milieu quant à nos comportements ; Aristote nous invite à bannir les excès ;

– la justice : il s'agit de rendre à chacun son dû.

À la lecture de ces principes, que peut-on recommander à Clothilde ?

– de faire preuve de courage : que ce soit dans le cas d'un avortement ou en ce qui concerne une future maternité, elle doit être capable de surmonter sa peur ;

– d'user de prudence : en aucun cas, elle ne doit se précipiter et elle doit prendre le temps de la réflexion – faire usage de sagacité (du latin *sagire*, « avoir du flair »), un mot qui renvoie à l'idée d'un odorat subtil : écouter ses bruissements intérieurs ;

– de faire preuve de tempérance : ne pas agir avec excès, éviter toute décision extrême, catégorique ;

– de réfléchir à ce qui est le plus juste : mais qu'est-ce

qui est le plus juste pour Clothilde ? Pour ses enfants aussi ? Il est impossible de répondre à une telle question.

Les principes arétiques semblent cependant mieux accompagner la prise de décision que les principes bioéthiques. Mais ni l'éthique utilitariste ou conséquentialiste, ni l'éthique déontologique ou des devoirs, ni les quatre principes bioéthiques, ni les quatre vertus ne sont à même d'aider Clothilde à sortir de ce choix contraint ou à l'assumer. Nous ne sommes pas, pour autant, dans un « vide éthique[26] » : bien qu'incertaine, l'éthique n'est pas pour autant muette. Cela en appelle peut-être à une certaine transformation de l'éthique sur cette question.

Il faut donc avoir l'humilité de reconnaître qu'il existe certaines circonstances de vie qui impliquent une décision qui se trouve au-delà de la raison, aux limites de l'éthique et de la morale. Ce qui rend nécessaire l'existence d'un *autre principe éthique*, propre aux situations de choix contraints, qui ne tienne compte ni des conséquences de ce choix (fatalement dramatiques), ni de principes moraux absolus (puisque *amoral* par essence), qui ne se satisfasse ni du bon, ni du meilleur, ni du possible (relevant au contraire de l'*imprescriptible*), mais éthique parce qu'intrinsèquement *humain*, qui puisse guider nos actions sans être érigé en règle, un principe bien réel, absolu lui aussi, se présentant comme un impératif… un *impératif humain* à défaut d'être moral.

Cet autre principe éthique, c'est le *principe de vie.*

Limiter les choix contraints

L'allongement du délai concernant l'IVG de 12 à 14 semaines est une bonne chose, mais qui n'est pas anodine – on l'a vu dans le cas de Clothilde, limitée en outre pour prendre sa décision par le temps, car l'échéance légale se rapprochait. Par ailleurs, comme je l'ai dit précédemment, il me semble que là n'est pas le vrai problème. Nécessairement, pour ce type de décision, le temps est toujours trop long ou trop court.

Un autre enjeu est le développement du fœtus dans le ventre. Celui-là est encore moins anodin. Sans parler de la classique question éthique évoquée précédemment concernant la reconnaissance du fœtus comme personne juridique[27], il y a le ressenti de la femme : plus ce fœtus grossit en elle, plus elle le sent, plus s'accroissent chez elle l'angoisse et le doute.

Dans les cas où l'avortement est vécu d'emblée comme une délivrance et où le choix de la femme est très clair, il n'y a pas ou peu de dilemme moral. Mais, dans beaucoup d'autres situations, le choix se fait contrainte, et la femme a besoin de deux sortes d'aides : matérielle et humaine. En nous appuyant sur le cas de Clothilde, nous pouvons faire les propositions suivantes :

– qu'il y ait un interlocuteur représentant une instance sociale avec des moyens qui le rendent capable non seulement d'entendre mais d'accueillir le désir de la femme ;

– qu'on offre à cette femme l'aide suffisante à la possibilité de mener sa grossesse avant de faire son choix.

Concrètement, Clothilde aurait dû pouvoir s'adresser à une personne (psy ou assistante sociale formée) qui aurait pu l'écouter de façon neutre et l'aider à clarifier son désir sans pour autant l'influencer. Et qui, percevant que Clothilde voulait cet enfant mais qu'elle ne se sentait pas capable de l'élever seule, par manque de moyens matériels et humains, aurait pu proposer des solutions d'accompagnement. On pourrait concrètement imaginer par exemple : le financement d'une nourrice agréée pour les premiers mois puis une place d'office en crèche pour prendre le relais ; un accompagnement matériel permettant l'allégement de l'activité professionnelle les six premiers mois, et ce quelle que soit cette activité (salariée ou indépendante) ; une personne référente mise à disposition dans les premiers mois pour une aide ponctuelle d'urgence, convocable le jour comme la nuit… surtout la nuit.

Dans une société où il y a de plus en plus de mères célibataires et isolées, serait-il tellement utopique d'envisager ce genre de chose ? D'autant que, pour une part, les moyens de ce type d'accompagnement existent déjà, il suffirait de les mutualiser.

Proposer ce genre d'aide à une femme qui songe à un avortement allégerait certainement la contrainte pesant sur son choix, lui permettrait de voir plus clair en elle. Elle pourrait avoir le choix, malgré les garanties matérielles qui lui seraient offertes pour permettre à un éventuel enfant et à elle de (bien) vivre, de continuer à rejeter cette grossesse. Il me semble que si Clothilde avait pu bénéficier de ce genre d'accompagnement, qui n'est pas tant un accompagnement psychologique ou moral qu'un accompagnement de solidarité et d'entraide humaine, elle aurait gardé son troisième bébé ; on peut imaginer, au contraire, que Margot, dans le film *Sibyl*, qui se sent trop jeune et pas assurée dans sa relation sentimentale, aurait persisté dans son désir. Ce type de structure, compréhensive, permettrait en tout cas d'amoindrir sa culpabilité et la contrainte pesant sur le choix.

Les résidus de culpabilité

Outre les exemples du tri des patients et de l'avortement, les choix contraints sont très présents dans notre société contemporaine pour cette raison qu'ils sont devenus un enjeu de pouvoir majeur. Ils ne prennent pas toujours des formes aussi extrêmes que des enjeux de vie ou de mort. Parfois, comme le note très bien Frédérique Leichter-Flack qui a consacré deux livres[28] aux dilemmes moraux, ils sont moins emblématiques, moins extrêmes, « on les repère aussi dans des contextes plus ordinaires[29] ». Le tri à effectuer entre des vies, par exemple, ne concerne pas seulement le secteur médical mais « les champs économique, environnemental, social[30] ». Voilà pourquoi il doit être réfléchi, critiqué, examiné, y compris par la société civile.

Dans un contexte libéral (les philosophies de la liberté depuis les Lumières jusqu'à Mai 68, le libéralisme, les démocraties occidentales, les combats croissants pour la liberté d'expression…), il paraît impensable de prôner un discours qui viserait à réduire des libertés si chèrement acquises… Pour autant, dans les faits, c'est bien ce qui se passe, de façon invisible, par l'effet du choix contraint qui ne donne que l'illusion de la liberté, ne permettant pas en réalité au sujet d'exprimer son désir. À l'heure des *fake*, *deepfake* et du couronnement de la vraisemblance[31], on ne s'attarde plus guère sur le fond des choses pour se contenter d'une représentation, d'un monde de surface. En ce sens, ce qui importe, c'est de *se croire libre* plus que de vérifier si cette liberté est réellement en situation.

La réalité, c'est que notre espace de liberté s'est considérablement réduit. À ce mécanisme s'ajoute la notion de responsabilité qui fait du choix contraint l'expression d'une grande perversion morale car le sujet, qui n'a pas d'autre choix que de « choisir » entre le pire et le pire (rappelons-nous la Sophie de William Styron), devient par la suite – comme dans tout choix – responsable de sa décision. Il va, autrement dit, devoir assumer un choix qu'il aura fait mais « malgré lui », qui va à l'encontre de son désir profond. Ce qui signifie que la culpabilité est inévitable, à moins d'être déshumanisé, amoral.

Ainsi, Sophie se sent pleinement responsable de la mort de sa fille. C'est elle qui l'a poussée jusqu'à la chambre à gaz, qui l'a envoyée vers la mort. Et de ce choix-là, elle se sentira responsable toute sa vie. Sophie assume intrinsèquement, en totalité, un choix contraint, dont, pour autant, elle reste comptable. Comment, dans ces conditions, ne pas *culpabiliser* ? Comment éviter la torture morale ? Comment arriver à vivre avec un tel « choix » sur la conscience ? Cela est tout aussi valable pour le médecin qui doit choisir entre ses patients lequel sauver, pour Clothilde qui a dû assumer un avortement dont au fond d'elle elle ne voulait pas.

Le choix nous rend libres et nous délivre de l'indécision. Sauf le choix contraint. Dans ce cas, c'est tout à fait l'inverse. Le choix contraint nous enterre vivants sous la culpabilité liée à la responsabilité.

Envisagée à l'échelle de masse, de la société, une telle rhétorique peut soumettre un peuple. Quand on se sent responsable, et donc coupable, il ne devient plus possible de réagir, de se révolter, de s'insurger. Marcel Gauchet l'a relevé, qui présentait dans *La Démocratie contre elle-même*[32] « trois âges de la personnalité » dans l'histoire de la modernité : les sociétés où domine le sentiment de honte ; les « sociétés de la culpabilité » ; puis les sociétés contemporaines où cette dimension est moins présente. Notons que, pour Marcel Gauchet, « la personnalité contemporaine » est donc celle qui peut se permettre pour la première fois « d'ignorer qu'elle vit en société », et éprouve bien moins « le sentiment de l'obligation et le sens de la dette », si bien que le sentiment personnel de culpabilité se fait moins ressentir.

En ce sens, nous avons cependant affaire à un double mouvement : d'un point de vue personnel, le contexte individualiste réduit notre conscience morale, la potentialité d'avoir mauvaise conscience : on retrouve cela sous l'idée du « tout est permis ». Mais, du point de vue politique et social, c'est tout à fait l'inverse qui se passe : la société maintient un climat de culpabilisation dans le but d'asseoir sa maîtrise et sa domination sur des individus qui ne se vivent plus comme un corps social. Et cela sous la forme de situations qui placent le sujet face à des choix contraints, afin de lui faire porter une culpabilité inévitable (*guilt of coercion*) tout en lui donnant le sentiment qu'il demeure un sujet libre parce qu'il continue à faire des choix alors qu'il oublie qu'il est en forte situation de contrainte.

Ajoutons encore que, trop occupé à survivre à sa propre culpabilité, le sujet ne cherche plus d'autres responsables, d'autres coupables. Sophie ne *peut* pas se contenter de renvoyer la responsabilité et la culpabilité sur Fritz Jemand von Niemand : cela ne la rassure pas, cela ne l'apaise pas et, surtout, elle ne *peut* pas le croire car au fond elle est convaincue que c'est bien elle qui a choisi. On aborde là le cœur de ce mécanisme de domination et de soumission, qu'on retrouve par ailleurs dans les effets d'emprise tels que les femmes battues incapables de quitter leur bourreau ou encore les employés manipulés au travail par certains pervers. Nous savons déjà que la peur est un ressort de la dictature et du totalitarisme, il faut y ajouter la culpabilité induite par le choix contraint qui enferme le sujet dans une torture morale telle qu'il se trouve totalement inhibé, soumis.

LA CULPABILITÉ DE CONTRAINTE

(*THE GUILT OF COERCION*)

« “Êtes-vous innocent ? demanda-t-il.

– Oui”, dit K.

Il était heureux de répondre à cette question, d’autant plus que ce n’était pas à titre officiel et qu’il n’engageait ainsi aucune responsabilité. Personne ne l’avait encore interrogé aussi franchement. Pour savourer cette joie, il répéta encore :

“Je suis complètement innocent.

– Ah ! ah !” fit le peintre en inclinant la tête avec un air de réfléchir.

Puis, il la releva subtilement et dit :

“Si vous êtes innocent, la chose est donc très simple.” »

Franz Kafka, *Le Procès*.

En finir avec la culpabilisation sociale

« L'homme qui réfléchit à ce qu'il est et à ce qu'il fait se reconnaît d'emblée comme mauvaise conscience. Autrement dit, il entend à nouveau ce bourdonnement auquel il était devenu sourd par accoutumance, ce bourdonnement qui ne nous quitte pas tant que nous n'avons pas fait amende honorable – comprenons, pour les optimistes égarés, *jamais.*

La morale commence donc par une tragédie, mise en scène par la lucidité, dans le théâtre de la conscience : toute conscience est mauvaise conscience de quelque chose que nous avons fait – ou que nous n'avons pas fait d'ailleurs ! »

Pierre-Alban Gutkin-Guinfolleau,
présentation de *La Mauvaise Conscience*
de Vladimir Jankélévitch.

Les dessous de la culpabilisation

Après avoir défini ce que pouvait être un choix contraint en prenant les exemples du tri des patients et de l'avortement, abordons la question de la culpabilité et les ressorts des mécanismes de culpabilisation à l'œuvre dans notre société contemporaine avec l'avènement de la culpabilité de contrainte.

Le siècle de la peur

À l'aube de son trentième anniversaire, Joseph K. se voit réveiller par des hommes en charge de l'arrêter. Ce fonctionnaire de banque ne comprend pas ce qui est en train de se passer. Arrêté pour quoi ? Comment ? Qu'en est-il de ce procès qu'on lui promet ? Joseph K. est coupable. Coupable par essence. Il est coupable d'exister. Quand il déclare son innocence, on lui rétorque : « De quoi êtes-vous innocent ? » D'ailleurs, on ne lui dira jamais franchement qu'il est *coupable*. Il est pris dans ce jeu absurde au point de croire en son procès et de tout faire pour se disculper. La dernière scène – la première aussi à avoir été écrite par Kafka – est celle de son exécution sommaire, « comme un chien », dans une totale forme d'inhumanité. S'il avait confessé *la honte d'être humain* et la *culpabilité* qui y est associée, peut-être Joseph K. aurait-il pu l'éviter.

Qu'est-ce qu'être humain parmi les hommes dans une société bureaucrate et absurde, portant en elle le fardeau de l'*in*-humaine condition ? Être – au sens d'exister –, n'est-ce pas déjà commettre une faute ? Kafka dresse ici le *procès* de la condition humaine[1], qui porte en son sein la culpabilité d'exister.

Y aurait-il une culpabilité originelle du seul fait d'être vivant et d'en être conscient ? Après tout, nous sommes tous condamnés par avance, puisque à peine sommes-nous nés que nous sommes déjà condamnés à mort ! Mais alors, comment prouver notre innocence tout en restant *humains* ? Comment survivre à la culpabilité d'être sans perdre la vie elle-même ? Vivre ou *sur*-vivre ? C'est dans cet entre-deux – entre la vie et la sur-vie – que Joseph K. devra patienter jusqu'à l'issue de son procès, une issue que nous connaissons tous et que nul ne peut éviter. Un entre-deux comme dans une salle d'attente, à respirer lentement et doucement, maintenu sous perfusion de la peur et de la culpabilité.

La peur et la culpabilité sont deux leviers de soumission car ils entraînent des inhibitions. L'effet de la peur, qui peut être cause de totalitarisme ou encore de dictature, est bien connu. En 1651, Thomas Hobbes le relevait déjà. Pour l'auteur du *Léviathan*, ce monstre froid représentant l'État, la peur a un rôle majeur dans la manière d'organiser la société. D'ailleurs, à la fin de sa vie, Hobbes rendait hommage à cette passion si spécifique en clamant : « Moi et la peur nous sommes jumeaux[2]. » La peur permet de passer d'un état de nature à un état de culture. Elle est cette « passion fondamentale » qui pousse chacun à renoncer à son droit de se gouverner lui-même au profit d'un souverain qui aura pour rôle majeur d'assurer la sécurité – et donc d'apaiser la peur. De même, c'est par la peur que le souverain parvient à se faire obéir en menaçant le peuple de sanctions, de punitions. L'autorité ne fonctionne qu'à condition qu'elle inspire la peur : d'ailleurs, même avant Hobbes, Machiavel aimait à dire qu'« il est plus sûr d'être craint qu'aimé[3] ». De ce point de vue, la peur est envisagée de façon positive, elle est nécessaire à la constitution de l'État mais aussi à son bon fonctionnement.

Mais toute la question est de trouver et de maintenir un équilibre de la peur afin que les citoyens ne vivent pas dans la terreur et la crainte permanente. C'est là – en toute logique – le rôle des lois. Car la peur sinon devient un moteur d'asservissement, une source d'aliénation et d'inhibition. Les grandes dictatures et autres totalitarismes qu'a connus le XXe siècle en sont une parfaite illustration, eux qui ont répandu et maintenu la peur que ce soit grâce aux milices franquistes et mussoliniennes, à la Gestapo nazie, au NKVD[4] soviétique ou à la Stasi de l'ex-RDA. Plus près de nous, la Chine exerce une dictature à voix basse, n'autorisant que peu ou prou une liberté de la presse[5], maintenant une censure radicale, refusant l'accès à Internet, assurant une surveillance accrue de ses habitants[6], tout cela en entretenant un climat de peur sous la forme d'un *Big Brother* des temps hypermodernes[7].

Camus identifiait le XXe siècle comme « le siècle de la peur[8] » :

> Le XVIIe siècle a été le siècle des mathématiques, le XVIIIe celui des sciences physiques, et le XIXe celui de la biologie. Notre XXe siècle est le siècle de la peur. On me dira que ce n'est pas là une science. Mais d'abord la science y est pour quelque chose, puisque ces derniers progrès théoriques l'ont amenée à se nier elle-même et puisque ses perfectionnements pratiques menacent la terre entière de destruction. De plus, si la peur en elle-même ne peut être considérée comme une science, il n'y a pas de doute qu'elle soit cependant une technique.

Il dénonçait dans ce texte fort « la vie des chiens », où les hommes privés d'une vision d'avenir se trouvent littéralement au pied du mur. Et d'ajouter un peu plus loin :

> Nous vivons dans la terreur parce que la persuasion n'est plus possible, parce que l'homme a été livré tout entier à l'histoire et qu'il ne peut plus se retourner vers cette part de lui-même, aussi vraie que la part historique, et qu'il retrouve devant la beauté du monde et des visages ; parce que nous vivons dans le monde de l'abstraction, celui des bureaux et des machines, des idées absolues et du messianisme sans nuances. Nous étouffons parmi les gens qui croient avoir absolument raison, que ce soit dans leurs machines ou leurs idées. Et pour tous ceux qui ne peuvent vivre que dans le dialogue et dans l'amitié des hommes, ce silence est la fin du monde[9].

Polymorphie de la culpabilité

Le XXIe siècle ajoute à la peur la culpabilité. L'expérience de la crise sanitaire entraînée par la Covid-19 nous le démontre.

En mars 2020, le monde occidental s'affole en voyant les statistiques des contagions croître à une vitesse fulgurante. Le 16 mars, à 20 heures, le président Emmanuel Macron annonce un confinement général à partir du lendemain midi. À l'origine de cette décision[10], l'ignorance, la peur et la culpabilité : l'ignorance vis-à-vis de ce virus, la peur de voir s'étendre la contamination, et la culpabilité liée à cette peur.

Beaucoup de choses ont été écrites sur la peur – et notamment dans le domaine de la philosophie politique –, mais beaucoup moins sur sa petite sœur de domination qu'est la culpabilité. Je voudrais attirer l'attention sur elle. En envisageant la culpabilité non pas au sens psychologique (qui relève des mécanismes bien connus de l'inconscient et qui souvent se manifeste sous les traits du symptôme) ; ni du point de vue de la théologie (dans ce registre toute l'histoire du christianisme et de la chrétienté peut être envisagée comme une herméneutique de la culpabilité[11]), mais plutôt du point de vue philosophique, éthique et politique : en quoi le principe de culpabilité est-il un levier de soumission et de domination politique et sociale particulièrement à l'œuvre dans notre société contemporaine ? Quels en sont les modes d'expression ? De quelles manières agissent-ils ? Tout système de culpabilisation de masse sur le plan social et politique, qui agit comme un instrument de domination insidieux, caché, en imposant constamment des choix contraints, est à dénoncer.

Culpabilité et culpabilisation

La culpabilité se rapporte à une faute, comme le rappelle l'étymologie latine *culpa*, et l'expression courante « battre sa coulpe ». D'un point de vue théologique, elle renvoie au péché, envisagé comme une « souillure de l'âme » : le coupable est celui qui a commis une faute et se trouve « sali », « entaché », « souillé » par elle. Il est aussi *responsable* de la faute commise.

On distingue d'emblée deux sortes de culpabilité : une culpabilité *objective*, état de l'auteur moralement responsable d'une faute ; et une culpabilité *subjective*, état de celui qui se sent coupable, soit à juste titre (la faute a été commise et la culpabilité est fondée, justifiée rationnellement), soit à tort (sentiment irrationnel, imaginaire, fantasmé, infondé)[12]. Nous pouvons évoquer à ce sujet un *complexe de culpabilité* qui peut renvoyer à un état pathologique lors duquel le sujet se définit comme coupable et cherche à se punir (autopunition/masochisme) sans qu'il y ait faute avérée : de ce point de vue, ce n'est pas la faute qui détermine la culpabilité, mais le sentiment de culpabilité qui vise à rechercher (ou inventer) une faute. On parle aussi, dans ce cas, de *culpabilité endogène*[13] dans la mesure où elle provient de l'intérieur du sujet : on la trouve parfois à l'origine des conduites d'échec.

Existe aussi la *culpabilisation*, c'est-à-dire le fait de culpabiliser quelqu'un : de reporter la faute (et la responsabilité) sur autrui afin qu'il éprouve de la culpabilité, entraînant ainsi chez lui une baisse de l'estime de soi, des inhibitions et un état de doute, de faiblesse puis de soumission dont le culpabilisateur escompte tirer profit.

Manipulation et injonctions paradoxales

Une technique bien connue de culpabilisation est celle du *double bind* (double contrainte, théorisée par Gregory Bateson[14]), qui consiste à donner deux injonctions contradictoires, ou paradoxales – de telle sorte que si vous obéissez à l'une, vous êtes en contradiction avec l'autre.

Les injonctions paradoxales constituent précisément une des caractéristiques de la société contemporaine : « Soyez spontanés ! » en est l'exemple le plus courant, alors qu'il est impossible de l'être si l'on s'y efforce. Songeons aussi au slogan de Mai 68 : « Soyons réalistes, demandons l'impossible », devenu aujourd'hui l'archétype des injonctions paradoxales. Dans *Le Capitalisme paradoxant*[15], Vincent de Gaulejac et Fabienne Hanique montrent qu'on assiste de plus en plus dans le monde du travail à ces consignes absurdes et impossibles à réaliser qui conduisent inévitablement le sujet à l'échec. Mais que ce soit dans le cadre de l'entreprise, de la police, de la justice ou dans le système scolaire, les injonctions paradoxales n'ont rien de nouveau[16]. Songeons à ce qui est demandé aux soignants dans le système hospitalier : être le plus efficace possible dans les soins, la toilette, en un temps record, tout en accordant le maximum d'attention et d'écoute aux patients. La tâche est impossible.

Ces injonctions paradoxales sont une forme expressive du choix contraint. Alors que la société contemporaine se targue de libéralisme et de libéralisation, elle ne cesse de se servir de cette pseudo-liberté pour asseoir de façon ferme et efficace des discours culpabilisants. Car, face à elles, il est difficile de réagir : on peut négliger ses doutes, ses questionnements, et faire *as if...* (« comme si »), mais c'est aussi accepter de se soumettre, de se taire ; on peut tenter de résister[17], mais au risque d'en payer le prix, celui de la marginalisation, de la mise à l'écart, de l'absence de reconnaissance[18]. Et encore faut-il, pour s'en libérer, avoir conscience de ces injonctions paradoxales. Car c'est bien ce qui est si déshumanisant : cette culpabilisation avance masquée.

Mais par quels processus passe-t-on de la culpabilité à la culpabilisation ?

Culpabilité et morale

Penser la question de la culpabilité nécessite l'expression de lois, de règles, de codes, de normes morales. La culpabilité, qu'elle soit individuelle ou collective, en appelle à la conscience morale, à la capacité donnée à tout sujet de distinguer le bien du mal. Je voudrais cependant distinguer ici la *conscience morale* comme sentiment moral (le fait qu'on *éprouve* intérieurement une idée du bien et du mal ; que nous soyons dans la *capacité* d'éprouver un sentiment moral) des *lois morales* telles qu'elles sont édictées par une société.

Bien évidemment, le sentiment moral chez un sujet humain n'est pas une *pure donnée innée* et il est aussi ce qui se constitue dans la rencontre avec les lois et les normes sociales issues des cultures dans lesquelles il évolue. Cependant, il est possible que, par exemple, lors d'un *dilemme*, le sentiment moral vienne heurter et contredire la loi morale. De telle sorte qu'un conflit naît chez le sujet. Cette capacité à défendre le sentiment moral sur la loi morale est, pour moi, ce qui fonde notre *sentiment d'humanité.*

L'exemple d'Antigone est emblématique de ce conflit où la loi du cœur, expression du sentiment moral, s'oppose aux lois de son pays (du roi, son oncle Créon en l'occurrence). Antigone brave l'interdit décrété par Créon d'accomplir les rites funéraires pour son frère Polynice. Son cœur – son sentiment moral – en a décidé autrement. Elle désobéit au péril de sa vie. Pour son frère et pour accomplir ce qu'elle estime être son devoir religieux. Découverte par Créon, elle défend et justifie son acte par l'amour qu'elle porte à son frère, clamant au visage de Créon : « Je ne suis pas faite pour vivre avec ta haine, mais pour être avec ceux que j'aime. » Ce à quoi Créon rétorque dans un vers célèbre : « Ce n'est pas une femme qui fera la loi » (on ne peut que relever la misogynie de cette parole)…

Antigone porte son choix dans une pleine et entière culpabilité et responsabilité. Or, aujourd'hui, nous estimons que la loi morale se répand avec tant de véhémence et de conviction, de manière si insidieuse, que ce soit par les réseaux sociaux ou par des chaînes de télévision qui font de l'information un show continu, qu'elle assaille la pensée sans plus lui laisser la possibilité de faire émerger un quelconque sentiment moral personnel, intime. La conscience morale est prise d'assaut, elle suffoque, agonise. C'est ainsi que notre société contemporaine nous invite, sous menace de culpabilisation, à nous soumettre aux injonctions, aux lois et autres normes. Pris dans les tenailles de la culpabilité, il ne nous est plus possible de réagir, de penser à une autre issue, une autre solution, un autre chemin. Notre sentiment moral est étouffé, l'expression de notre humanité au profit de la norme, d'une mise au pas, et à force de *as if*... on finit par disparaître, par ne plus penser, par ne plus être. Cette norme morale implacable est castration de la pensée par l'effet de la culpabilité.

La culpabilité comme référence

Je voudrais insister sur un point. Penser à la culpabilité dans notre imaginaire collectif nous entraîne immédiatement sur les rives du christianisme. S'il est un lieu de la culpabilisation originelle à l'échelle de notre société, c'est bien en effet la religion chrétienne : avec une pointe de provocation, nous pourrions considérer la Bible (et le dogme qu'elle inspire) comme le grand livre de la culpabilité. Une véritable référence dans le domaine où ceux qui se courbent et se mettent à genoux sont légion !

La culpabilité reste d'ailleurs souvent synonyme de péché. D'Augustin à Ricœur[19], nombreux sont les théologiens ou philosophes qui ont évoqué cette question de la culpabilité liée au péché. Ricœur distingue cependant la culpabilité tragique de la culpabilité biblique :

> La culpabilité appartient à la situation initiale que présuppose tout itinéraire philosophique : les ombres de la caverne platonicienne, l'*alogos logos* des passions selon le stoïcisme, la précipitation et la prévention à l'origine de l'erreur selon Descartes, la présomption de la sensibilité qui, selon Kant, engendre l'illusion transcendantale, l'aliénation qui commence le malheur de l'histoire d'après Rousseau, Hegel et Marx, autant de figures marquées de l'unique et fondamentale culpabilité[20].

Dans le contexte de la religion catholique qui a marqué près de vingt siècles de chrétienté et donc de notre histoire, il est remarquable de souligner que Dieu représente de manière transcendante et absolue la question du bien ; que l'homme innocent est celui d'avant la chute, d'avant le péché et que, depuis, l'humanité entière porte sa croix, sa faute en quête de salut et de rédemption. Le péché est le poids emblématique de la culpabilité collective, de la faute humaine par excellence, ce qui aussi va donner une identité à l'homme. Ainsi, être humain, c'est être coupable. L'humanité, par essence, est coupable. Et, sans aller jusqu'à analyser l'ensemble des préceptes catholiques qui, s'ils ne sont pas respectés, induisent une forte culpabilité, nous pouvons relever que la loi morale a commencé à s'inscrire dans les consciences, précisément à ce moment-là : les tables de la Loi données directement des mains de Dieu ; l'importance de la faute et les châtiments qui s'ensuivent ; l'impossibilité de déroger aux lois morales et religieuses (ce qui à l'époque est un pléonasme) sans être rejeté de la communauté dans un contexte théocentrique ; le rapport au corps, au désir, à la sexualité, à la parole, etc., tout cela a façonné pendant des siècles une conception bien précise de la loi morale collective et donc une culpabilité inévitable.

La religion, dans la peur et la culpabilité qu'elle inspirait, est aussi ce qui a permis d'asservir et de maintenir un peuple sous le joug de la domination. « La religion est l'opium du peuple... » Je ne m'engagerai pas dans l'analyse de cette forme de culpabilisation qui impliquerait de l'herméneutique théologique parce que j'estime que, malgré leur importance historique, nous sommes éloignés aujourd'hui de ce que Jean-François Lyotard appelait les « grands récits » de la modernité[21].

De même, il ne s'agit pas de faire l'histoire, déjà très documentée, du sentiment de culpabilité et de sa présence dans différentes cultures comme l'ont déjà fait Ruth Benedict[22] ou Eric Robertson Dodds[23] en distinguant une culture de la honte (*shame culture*) d'une culture de la culpabilité (*guilt culture*).

La culpabilité inconsciente

Il est en revanche difficile d'évoquer la culpabilité sans rendre compte de la *culpabilité inconsciente* qui est à la base de nombreux symptômes. Très vite, Freud l'a mise en exergue dans le processus de la cure analytique[24]. En 1909, dans son étude sur « L'Homme aux rats[25] », il montre que la névrose de son patient était liée à la dette paternelle

– dette et culpabilité se traduisent par le même mot en allemand : *Schuld*. Il développe la question de la culpabilité en lien étroit avec le surmoi (cette instance inconsciente, juge, censeur sévère) et montre que le névrosé est *toujours coupable*, même si la faute qu'il a commise n'est que fantasmée. Et quand bien même d'ailleurs il n'y aurait pas eu de faute, le seul désir ou l'intention suffisent à ce que le surmoi punisse et refoule ce désir – inscrivant dans le refoulement la trace de la culpabilité.

On la retrouve dans le complexe d'Œdipe (moment où se forme clairement le surmoi), où le désir de l'autre (du parent) sévèrement réprimé avec la pose des interdits sexuels génère une puissante culpabilité : cette culpabilité se retourne contre le sujet (agressivité) et le tyrannise sous la forme d'un masochisme moral ; elle est au cœur du processus analytique dans la mesure où le patient doit parvenir à dépasser sa culpabilité sur le divan, sans quoi il repoussera sans fin la faute morale sans parvenir à l'expier. On la retrouve aussi dans la mélancolie du deuil[26] : Freud montre l'articulation entre le surmoi et la culpabilité qui peut générer là encore des pulsions agressives du sujet contre lui-même quand il se rend responsable de la perte de l'objet perdu.

La culpabilité est présente aussi bien dans nos échecs (le surmoi m'insuffle que je ne suis jamais assez bon, assez fort, assez bien et que cela explique pourquoi mes parents m'ont rejeté(e) ; à moins que ce ne soit sous la forme : « Si je réussis, je vais dépasser mon père, mieux vaut échouer ») que dans nos réussites (toute réussite peut porter en elle la culpabilité de la transgression, d'avoir « trahi » le père[27]).

Freud analyse aussi l'importance de la culpabilité inconsciente dans le champ collectif, au fondement de la société[28]. Ainsi montre-t-il son importance dans certaines religions telles que le catholicisme ou le judaïsme ou encore dans certaines cultures. Nous pouvons, à partir de là, évidemment supposer que toute forme de culpabilité serait un écho à cette culpabilité primaire, originelle que porte chaque sujet. Et dans ce cas, il est possible d'expliquer causalement les problématiques de notre société contemporaine à l'aune de la culpabilité individuelle et inconsciente.

Mais mon propos ne porte pas ici sur la culpabilité et la culpabilisation collectives dans leurs fondements théologiques ou inconscients, mais plutôt sur l'usage de la culpabilisation dans son application contemporaine, dans différents types de discours relatifs à la virtualité, aux réseaux sociaux, à la société de l'image, à celle de l'information sensationnelle et continue, à l'hyperindividualisme et à l'hypercapitalisme. Il s'agit d'aborder une forme particulière de culpabilité qui émerge dans la problématique posée par les choix contraints. C'est pourquoi je l'appellerai *culpabilité de contrainte* (*guilt of coercion*). Auparavant, il nous reste à identifier plus précisément les différentes formes de culpabilité à l'œuvre dans notre société contemporaine.

Quatre formes de culpabilité

Le philosophe allemand existentialiste Karl Jaspers, dans un livre où il évoque la culpabilité allemande à la suite de la Seconde Guerre mondiale[29], en relève quatre formes[30] :

– La culpabilité criminelle : les crimes sont objectivement établis et relèvent du tribunal chargé de faire respecter les *lois civiles* auxquelles elle renvoie clairement.

– La culpabilité politique : « Elle réside dans les actes des hommes d'État, et dans le fait que, citoyen d'un État, je dois assumer les conséquences des actes accomplis par cet État, à la puissance duquel je suis subordonné et dont l'ordre me permet de vivre » ; en ce sens, cette culpabilité est à la fois collective et individuelle, chaque citoyen portant en lui la responsabilité dans la manière dont l'État est géré. Dans un tel contexte s'affrontent droit naturel et droit des gens.

– La culpabilité morale : elle est individuelle et renvoie à la responsabilité qui est la mienne dans la mesure où je suis moralement responsable des actes que j'accomplis. Jaspers insiste : « Cela est vrai de tous mes actes, même politiques et militaires. La formule "un ordre est un ordre" (*Befehl ist Befehl*) ne peut jamais avoir de valeur décisive[31]. » Je suis toujours responsable dans la mesure où je choisis d'agir ou pas. Il ajoute : « Un crime reste un crime même s'il a été ordonné (bien que, selon le degré de danger, de coercition tyrannique et de terreur, on puisse admettre des circonstances atténuantes) ; et de même tout acte reste soumis également au jugement moral[32]. » Le tribunal en charge de cette culpabilité, c'est la conscience intérieure, à laquelle nul n'échappe, c'est « la communication avec l'ami et le prochain, avec le frère humain capable d'aimer et de s'intéresser à mon âme[33] ».

– La culpabilité métaphysique, liée à la condition humaine : celle qui me permet de ne pas rester insensible à la douleur d'autrui, de ne pas rester sans réaction face à un crime commis sous mes yeux, celle qui me donne l'occasion de ne pas être un lâche ; elle est ce qui combat l'indifférence. Culpabilité liée au seul fait d'*être humain*, elle est à la fois individuelle et collective, expression d'un *sentiment moral.* Karl Jaspers aura à son propos ces mots d'une gravité solennelle :

> Quelque part, dans la profondeur des rapports humains, s'impose une exigence absolue : en cas d'attaque criminelle, ou de conditions de vie menaçant l'être physique, n'accepter de vivre que tous ensemble ou pas du tout ; c'est ce qui fait la substance même de l'âme humaine. Mais il n'en est ainsi ni dans la communauté de tous les hommes, ni parmi les citoyens d'un État, ni même à l'intérieur de groupes plus petits ; la solidarité reste limitée aux liens humains les plus étroits, et c'est ce qui fait notre culpabilité à tous[34].

Cette culpabilité, qui pour Jaspers ne peut être jugée que par Dieu lui-même, renvoie aussi, dans un autre contexte, à ce que j'appelle la culpabilité originelle, celle de la dette envers nos parents, envers la vie ; celle qui s'inscrit dans le seul pli de la vie et de la conscience de la vie.

Du **bashing** *au conditionnement*

Le contexte dans lequel écrit Jaspers est particulier, puisqu'il publie cet essai en 1948, au lendemain de la Seconde Guerre mondiale. Il me semble désormais important d'y ajouter une nouvelle forme de culpabilité spécifique aux choix contraints si fréquents dans notre société contemporaine.

Cette culpabilité de contrainte sévit dans une large sphère, mais particulièrement dans le monde numérique (ou virtuel). Elle est essentiellement suscité par tous les regards juges et censeurs qui officient sur les réseaux ou autres médias. De telle manière qu'on assiste à des critiques permanentes qui n'ont d'autre vocation que de créer de la polémique. Une polémique qui, par essence, est sensationnelle, parfois divertissante, et vise le buzz. L'enjeu est toujours le même, déjà évoqué dans *Je selfie donc je suis*[35] : c'est d'exister sur la scène virtuelle.

Elle peut provoquer aussi un *bashing* qui, outre le fait de permettre aux auteurs d'exister plus encore, établit une certaine *norme* et finit par poser un *cadre moral de pensée* auquel il devient difficile de déroger. Le mécanisme est violent : une personne est soumise à des humiliations, attaques verbales ou physiques, et chaque fois qu'elle réagit pour se défendre, elle prend un coup encore plus fort (se faisant assaillir de tweets de plus en plus agressifs et menaçants par exemple). Si bien qu'à force de recevoir des coups, elle finit par ne plus réagir.

Cela pourrait s'apparenter à une forme d'*endoctrinement* ; mais l'endoctrinement implique l'intégration d'un dogme dans le but d'orienter les comportements et les consciences. Or, dans ce que nous vivons aujourd'hui, il n'y a pas de doctrine posée. Il n'y a pas un discours qui soit plus dominant qu'un autre. Si bien que l'enjeu d'un tel mécanisme n'est pas de faire en sorte que les individus pensent une seule chose établie, mais bien qu'*ils ne pensent plus*. Plutôt que d'endoctrinement, il faudrait parler d'*influencement* massif. L'influencement consiste à inhiber la pensée à coups d'images et d'informations jusqu'à saturation dans le but de paralyser toute réaction, intellectuelle ou morale. Les soldats de cette armée, chèrement payés par les sponsors et soutenus par le pouvoir que constitue le nombre de *likes* ou de *vues*, on les appelle les *influenceurs*. Les influenceurs mettent au pas les gens jusqu'à ce qu'ils deviennent des *suiveurs*. Si l'un d'eux résiste sous l'influence de son libre arbitre ou de son esprit critique, il se trouve confronté à une armée de regards-juges jusqu'à ce qu'il cède sous le poids de la culpabilité ou soit expulsé, dégagé, « ghosté ». Le plus souvent il se soumet, comprenant que s'il déroge, il sera exclu, alors il renonce volontairement à exprimer et à défendre sa volonté propre : il devient docile.

S'y ajoute une programmation « numérique » qui a tout, *in fine*, de la programmation humaine et qui est avant tout moralisatrice : un cadre où le *politiquement correct*[36] est clairement établi. Usant de pratiques issues du numérique, mais aussi d'une *novlangue*, le *politiquement correct* peut apparaître comme un « instrument de domination[37] ».

Tout le monde se souvient qu'en 2011 (il y a déjà dix ans – on voit à quel point l'œuvre de la culpabilisation et le formatage des consciences sont un travail au long cours…), Facebook a censuré le profil d'un artiste danois, Frode Steinicke, banni du réseau parce qu'il avait mis comme photo de profil le tableau de Courbet *L'Origine du monde*[38] – ce tableau du XIXe siècle exposé à Paris au musée d'Orsay représente un sexe de femme. Ce n'est pas la question de ce qui est décent ou non qui est posée ici… Ce qui fait problème, c'est que Facebook diffuse ainsi au monde entier le message suivant : la nudité féminine est choquante et doit être censurée. C'est confondre nudité et sexualité. Un adolescent qui grandit avec de tels codes établis par les réseaux sociaux se développera en intégrant inconsciemment ces normes. Cela génère à la longue un certain automatisme de pensée qui par essence ne peut pas être interrogé.

De telle sorte que, dans la réalité comme dans la virtualité, nous assistons à un durcissement de la culpabilisation, devenue inévitable et incontournable à moins de se désocialiser. Et la spécificité de cette forme contemporaine de culpabilité est de ne pas être frontale : le sujet ne se rend pas compte des formes de culpabilisation auxquelles il est confronté. Elle avance dans un contexte connu, qui inspire la confiance, avec l'illusion dangereuse de maîtriser son environnement. En effet, sur les réseaux sociaux, j'ai le sentiment de contrôler mon profil, les usages que j'en fais. De même, quand j'allume ma télévision ou quand je consulte les informations sur mon portable ou sur mon ordinateur : à tout moment je peux décider d'éteindre ou de fermer l'appli…

Cependant, interrogeons-nous : est-ce que ce geste qui consiste à s'interdire volontairement de consulter les informations et d'aller sur les réseaux sociaux sous peine d'enrayer notre esprit critique est fréquent ? Est-ce que nous avons pris l'habitude de mettre une sorte de « garde-fou » intellectuel dans l'usage que nous faisons des images à tout-va ? Est-ce que nous décidons d'éteindre la télévision lorsqu'une publicité nous invite à des consommations non écologiques ou se fait le véhicule d'injonctions paradoxales invitant à des choix contraints ? Est-ce que nous crions au conditionnement quand les chaînes d'information continue distillent, l'air de rien, la terreur à toute une population ? Certes non. Et c'est même l'inverse qui se produit : on ne peut plus décrocher ; on ne peut plus s'empêcher de consulter compulsivement les informations, les nouvelles, les jugements à tous crins, les critiques les plus absurdes dans une forme de jouissance voyeuriste.

Sous la surveillance de trois regards

La culpabilisation prend trois aspects qui verrouillent sans issue possible l'ensemble de la société. Si bien que la contagion devient massive.

Tout d'abord, *nous sommes rendus coupables.* Nous sommes pris, nous l'avons vu, dans le fil de différents discours paradoxaux (injonctions paradoxales, choix contraints, *double mind*) qui nous *influencent* inconsciemment et imprègnent en nous certaines normes morales et intellectuelles induisant nos futurs comportements. Sur deux fronts, sociétal et numérique, ils se diffusent dans un climat de toute confiance et s'intègrent chez le sujet qui, s'il cherche à s'y opposer, se voit attaqué par une armée de regards-juges qui établissent une certaine norme et qui l'accablent d'une culpabilisation telle qu'il ne peut plus que disparaître ou se soumettre. Ainsi voit-on régulièrement des gens si férocement attaqués sur Twitter qu'ils finissent par *s'excuser* de devoir s'absenter de la scène numérique, étant la cible de cette armée de *trolls* (individus ou bots cherchant la polémique). Cette *absence* ne signifie rien d'autre que le sujet est *anéanti* (c'est-à-dire *réduit à néant*, il n'existe plus), vaincu, et que le combat pour la liberté d'expression et de parole a été perdu[39]. Pour exemple, l'artiste danois qui avait été rejeté de Facebook pour avoir exposé *L'Origine du monde* a pu retrouver son compte, mais à la condition de changer sa photo de profil. Ce regard qui nous rend coupable est celui du monde sur nos paroles et nos actes.

Ensuite, lorsque nous nous soumettons, *nous nous sentons coupables* à l'image de Joseph K. dans *Le Procès* de Kafka, convaincu de sa culpabilité existentielle. C'est là le deuxième temps de la culpabilisation : on finit par adhérer aux regards-juges simplement parce qu'ils sont en nombre. La puissance du *bashing* est telle qu'il n'est plus possible de lutter. Coupable de mal penser, coupable de mal faire (ou de ne pas faire assez bien), coupable de ne pas en savoir assez, de ne pas être assez performant, de ne pas être à la hauteur, de ne pas faire *comme il faut*, de ne pas assez travailler, de ne pas être assez attentif aux autres, à soi, de ne pas prendre suffisamment soin de sa santé, de trop dépenser, de trop ou pas assez vivre… Coupable d'être ce qu'il est : coupable d'être lui-même, c'est-à-dire unique, vivant, original, différent par nature, le sujet est perdu. C'est la *mauvaise conscience*[40]. Ce deuxième regard est donc le regard de soi sur soi. Une sorte d'auto-influencement qui parle d'abord aux plus faibles, aux mal-aimés, aux rejetés, aux victimes du sentiment d'abandon, aux complexés, aux humbles, à ceux qu'on ne met pas longtemps à convaincre qu'ils ne valent pas grand-chose… à une grande majorité de gens en somme. Ce regard-juge est noir, sans compassion, et il est plus ou moins sévère selon l'enfance et l'éducation que la personne aura reçue.

Mais derrière, il y a de *vrais coupables* qui agissent consciemment par souci de domination et d'asservissement. Ces vrais coupables sont ceux qui nous placent en situation de choix contraint, qui décident d'une certaine notion du bien et du mal, de lois morales, de la norme, ceux qui insufflent à notre monde contemporain une tonalité particulière, une coloration spécifique. Ils trouvent un intérêt à ce que des individus soient soumis et ne puissent plus réagir. Les vrais coupables, ce sont les politiques qui ont abandonné le bien commun au profit de leur intérêt personnel ; les GAFAM et BATX, ou ces géants du Web qui ont besoin de s'imposer et d'étendre leur réseau d'influence – tout comme certains médias[41].

Parlons aussi de ces managers qui préfèrent – parce que c'est plus facile – diriger des gens soumis que des gens libres… Ce sont ceux qui utilisent la faiblesse des autres pour les *influencer* et qui font de la culpabilisation une arme de soumission massive dans le but d'asseoir leur pouvoir. La technologie a rendu possible à l'échelle planétaire ce large phénomène. Le troisième regard est donc le leur sur nous, mais aussi celui de tous sur tous, car nous participons tous à ce *Big Brother* permanent où chacun finit par se rendre coupable de juger, de rejeter, d'influencer pour gagner cette course insatiable à la reconnaissance et à l'existence médiatique, dans une société hyperindividualiste à la surveillance globalisée.

Et c'est bien ce qui est particulièrement pernicieux car, pour sortir de ce système, il faudrait que nous soyons tous capables de clairvoyance et d'autocritique et surtout de rejeter en masse les situations de choix contraints…

De la soumission volontaire

En étant quelque peu cyniques, nous pourrions dire que nous sommes entrés dans un monde de soumission volontaire, condamnés à accepter de devenir responsables des choix que nous sommes contraints de faire. De plus, lorsque nous décidons dans un contexte de contrainte particulier, nous devons affronter notre propre culpabilité.

Il faut bien comprendre que ce processus est d'autant plus invisible qu'il peut s'étaler sur plusieurs années. Qu'en est-il ? Il peut se décrire de la sorte. Tout d'abord, un individu émet une résistance face à une proposition, un discours, une image qu'il n'accepte pas. Une armée de regards-juges et de critiques acerbes lui tombe dessus, criant à l'« intolérable », à l'« insupportable », à l'« inadmissible », lui reprochant par exemple volontiers de parler de là où il est, ou/et depuis ce qu'il est, reproche facile et troublant. Les partages alors se font légion, et bientôt ce sont des milliers d'individus qui s'insurgent contre sa manière de penser jugée non acceptable. Alors, le doute s'insinue, puis devant tant d'opposition, une conviction – il a sans doute eu tort de penser ainsi. D'autant que le danger est grand d'être rejeté, banni, « bashé ». Il est très difficile d'affronter le risque de l'exclusion et de la désocialisation virtuelle. Il est bien plus facile de se soumettre. C'est ainsi que, convaincu qu'il a mal fait, il doit rectifier, se corriger pour entrer dans le cadre admis –, convaincu que c'est bien *lui* qui est *coupable* et donc *responsable* de la situation dans laquelle il se trouve, il finit par se *soumettre volontairement.*

Et si, malheureusement, une nouvelle idée de résistance venait à germer dans cet esprit ramené à l'acceptable, la culpabilité pointerait sans tarder. Une mécanique bien rodée qui fait passer à tout un chacun l'envie de penser par lui-même.

C'est peut-être ce qu'il y a de plus inquiétant dans ce système contemporain de culpabilisation : l'instauration de la *soumission volontaire.* Dans le *Discours de la servitude volontaire*, le très cher ami de Montaigne, Étienne de La Boétie, pose une question qui reste d'une grande actualité : comment se fait-il qu'on voit « un million de millions d'hommes » servir, « enchantés et charmés », un seul homme qui pourtant est « inhumain et sauvage » ? Comment comprendre et « voir un nombre infini de personnes non pas obéir mais servir ; non pas être gouvernés mais tyrannisés ; n'ayant ni biens ni parents, ni femmes ni enfants, ni leur vie même qui soit à eux[42] » ? Pourquoi à travers l'histoire les peuples se laissent-ils si facilement dominer par un tyran ? Comment les individus peuvent-ils abandonner leur dignité, renoncer à leur libre arbitre, à leur intelligence ?

La Boétie apporte cette réponse : « C'est le peuple qui s'asservit, qui se coupe la gorge. » Car les peuples sont « insensés et aveugles ». Ils ne font aucun effort pour voir que celui qui les « maîtrise tant n'a que deux yeux, n'a que deux mains, n'a qu'un corps, et n'a autre chose que ce qu'a le moindre homme du grand et infini nombre de nos villes, sinon que l'avantage [qu'ils lui font] pour [les] détruire[43] ».

Ces hommes dénaturés car ayant perdu le goût premier pour la liberté ont aussi perdu « la lucidité et le sens de l'effort qui sont les privilèges de l'esprit. Alors, ils ne s'aperçoivent même pas que le maître n'a pouvoir sur eux que par eux. C'est pourquoi ils sont facilement les complices du "larron" qui les pille et du "meurtrier" qui les tue. Bref "traîtres à eux-mêmes", ils sèment, avec leur propre malheur, celui de leur enfant[44] ».

Ne sommes-nous pas très précisément en train d'assister à cela dans notre société contemporaine ? À une masse qui se soumet volontairement à des discours admis sous l'effet de la culpabilité ? Notre tyran à nous est d'autant plus puissant qu'il est invisible. Notre tyran à nous, c'est le surmoi, la conscience morale qui ploie sous le joug de discours culpabilisateurs. Nous nous laissons culpabiliser ; nous nous rendons coupables de culpabiliser à notre tour ; et nous nous soumettons volontairement parce qu'il nous semble que le combat pour la liberté est trop difficile à gagner, trop long, trop vain. « Les peuples se sont asservis parce qu'ils se sont laissé abâtardir… abêtir[45] », dit encore La Boétie. Ainsi en est-il des discours de la société contemporaine qui nous abâtardissent et nous abêtissent à tel point qu'il ne nous est plus possible de réagir. Nous préférons renoncer à lutter et alors « dénaturer » notre esprit plutôt que de jouer notre vie (et son confort) pour une bataille qui semble perdue d'avance. Notre esprit s'enlise, notre dignité s'égratigne, nous renonçons. Simone Goyard-Fabre, en commentant le texte de La Boétie, a ce très beau mot, qui résonne aujourd'hui tel un glas : « Quelle responsabilité que cette volonté qui défaille et cet esprit qui se dénature[46] ! »

Cette attitude de soumission volontaire qui consiste à nous persuader que c'est nous qui décidons et que nous continuons à exercer notre libre arbitre alors que nous sommes en présence d'un choix contraint, nous pourrions l'appeler le *serf arbitre cybermoderne*. Le serf arbitre est une notion qui remonte à Luther[47] et se définit comme le fait que la volonté humaine soit déterminée par une dépendance totale à une entité externe à l'individu. Le théologien allemand l'oppose à l'idée de libre arbitre. Subordination de la volonté humaine à une volonté autre, il est l'expression d'une forme d'aliénation. Or reconnaître un contexte de soumission volontaire implique bien l'existence d'un *serf arbitre*, où la volonté individuelle et le sentiment moral se trouvent subordonnés à certains discours culpabilisateurs dominants. Le *serf arbitre cybermoderne* rend compte de cette soumission volontaire, notamment à travers les outils connectés et autres réseaux sociaux, mais pas seulement…

De la domination domestique à la soumission ordinaire

Maintenant que nous avons défini la culpabilité et la culpabilisation, que nous en avons décrit les différentes formes et que nous avons posé le contexte dans lequel ce système contemporain de culpabilisation se déploie en nous mettant face à des choix contraints, il est intéressant, sans prétendre à l'exhaustivité, d'analyser plusieurs situations qui entraînent une culpabilité de contrainte, sans qu'on en soit toujours conscient. En commençant par la sphère la plus familière : celle de la domination domestique.

La honte d'exister

Maria est mariée à José et a trois enfants. Elle travaille comme femme de service dans une cantine scolaire. Les enfants la trouvent gentille : jamais elle ne force à finir une assiette et toujours elle ressert ceux qui ont encore faim. Elle arbore un sourire naturel qui dénote un tempérament doux et calme. Tout le monde l'aime bien.

Pourtant, depuis plus d'un an, elle est en arrêt maladie.

Quelques mois plus tôt, elle était allée consulter pour un bras cassé ; puis pour trois côtes fêlées ; puis pour une fracture du tibia ; puis pour plusieurs traumatismes crâniens. Longtemps, Maria a caché ses bleus comme elle pouvait. Mais elle avait de plus en plus de mal à les dissimuler. Alors, maintenant, c'est elle qu'elle cache. Elle ne sort plus. Elle a très peu de voisins : elle habite dans un pavillon isolé en périphérie d'une petite ville de province. Elle n'a plus d'amis. Quant à sa famille, elle voit son frère et sa mère une fois par an, pour Noël, et elle redoute cette période car elle sait qu'à cette époque, José est particulièrement nerveux.

José l'aime. Il le lui dit, et il ajoute qu'il l'a toujours aimée. D'ailleurs, c'est simple, il n'aime qu'elle. Elle est à lui, c'est *sa* femme. De quoi donc se plaindrait-elle ? Elle a un homme qui l'aime. D'ailleurs, il lui a fait trois enfants, ce n'est pas une preuve, ça ?

José est électricien. Il est plutôt doué dans son travail. Si bien qu'il est assez demandé et il part à l'occasion faire des missions loin de son domicile. Lors des absences de José, Maria est une autre personne. Parfois, elle se surprend à chantonner. Mais le sourire, elle ne le garde jamais longtemps à la maison, elle l'a perdu le jour où José est rentré après avoir trop bu, une fois de plus, et qu'il a pris ce sourire comme une moquerie, une ironie, une agression que son honneur ne pouvait laisser passer. Alors il l'a cognée pour la redresser, pour lui faire comprendre qu'elle ne doit pas lui manquer de respect. Il l'a cognée pour qu'elle apprenne. « Les femmes, pense-t-il, il faut les éduquer, comme les enfants ! » Il a aussi essayé de cogner la petite quand elle criait ou le grand parce que, par maladresse, il avait renversé son bol de lait un matin, mais là, Maria s'est si violemment interposée entre eux que c'est elle qui a tout pris. Et depuis ce jour, aucun de leurs trois enfants ne fait plus preuve de maladresse. Dans cette maison, seules règnent la peur et la culpabilité.

Certains de ses amis étaient au courant. Ils ne comprenaient pas comment elle pouvait encore « rester » avec son mari, et elle ne comptait plus le nombre de fois où ils lui avaient dit : « Mais, Maria, qu'est-ce que tu attends pour partir ? », ou encore « Mais pourquoi tu restes avec lui ? » Et c'était une des choses qui avaient le plus blessé Maria, de les entendre dire derrière son dos : « Au fond, si elle reste avec lui, c'est qu'elle le veut bien… cela doit lui convenir ! » Ces paroles la mettaient en miettes.

Mais pourquoi Maria ne quittait-elle pas son mari ? Elle avait une activité professionnelle qu'elle pouvait reprendre ailleurs et elle aurait pu emmener ses enfants… Alors, qu'est-ce qui l'empêchait de s'échapper ?

Eh bien, c'est la culpabilité. Un individu confronté aux humiliations quotidiennes, aux coups dès qu'il redresse la tête, aux insultes permanentes, finit par être persuadé qu'il ne vaut rien, qu'il n'est rien. Il n'a plus aucune valeur pour lui-même, il n'est plus que l'objet de l'autre, *sa chose*. Et ce qui le maintient cloué au sol, c'est précisément la culpabilité dont parle si bien Kafka : la honte d'exister.

Maria porte en elle la culpabilité d'être. Si bien qu'elle finit par se convaincre qu'elle mérite ces coups, ces humiliations car elle est *moins que rien*. Elle est convaincue qu'elle ne mérite pas de vivre. Dans ces conditions, quand on porte le poids de sa propre condition comme une honte, comment se révolter ? Seul celui qui possède sa vie peut se battre pour la protéger. Mais pourquoi se battre quand on n'a plus rien ? C'est ce qu'on appelle un phénomène d'emprise, comportement bien connu des psychologues.

L'emprise

Comment fonctionne plus précisément ce mécanisme d'emprise ? Qu'est-ce qui en fait un processus bien connu de ceux qui ont fait de la domination une véritable raison d'être ?

Les violences, les humiliations, les coups (depuis les sévices exercés sur des enfants à des fins éducatives jusqu'aux actes de torture commis sur des prisonniers) ont pour but et pour effet de *casser* la personne, de lui ôter toute possibilité de s'ériger contre une autorité. De nombreuses femmes battues n'ont plus l'énergie de se sauver. Si elles parviennent à s'échapper de cette situation, c'est souvent pour sauver la vie de leurs enfants. Un fait divers – « divers » en ce sens qu'il est assez courant et représentatif, hélas – en témoigne : c'est le combat de Yamina à Pontoise, après vingt ans de violences conjugales[1].

Yamina s'est laissé séduire par cet homme grand, fort et attentionné. Mais au bout de quelques semaines, il commence à lui donner des claques. Elle ne sait pas réagir : « Je culpabilisais car il me manipulait », explique-t-elle. Elle a peur aussi car il est menaçant. Il la viole régulièrement, et elle tombe enceinte. Il la bat : en cinq ans, elle fait sept séjours à l'hôpital. Elle réussit à s'enfuir avec son fils : aux violences qui continuent s'ajoute le harcèlement. Elle tente plusieurs fois d'appeler la police à l'aide : ses dépôts de plainte n'aboutissent jamais. Et même, sur dénonciations calomnieuses du père, elle perd la garde de l'enfant qu'elle ne reverra plus pendant des années. C'est ce qui lui donne l'énergie de se battre : il lui faudra dix ans pour gagner son combat… mais uniquement pour qu'elle retrouve son fils et que soit reconnu son droit de mère. Les violences, les viols, les humiliations qu'elle a subis n'ont pas été entendus.

À nouveau, devant le cas de Yamina, on peut s'interroger : pourquoi la victime est-elle restée si longtemps avec son bourreau ? Parce que la force du bourreau est de convaincre sa victime qu'elle est *responsable* de ce dont elle souffre : elle est *coupable* de son propre malheur. En ce sens, le premier bourreau c'est elle-même, dans un tragique retournement de situation. Une expression qui revient souvent chez la personne violente n'est-elle pas : « Arrête de faire la victime » ? Cette phrase d'un cynisme sans égal est emblématique de la perversion qui se cache derrière le phénomène d'emprise.

L'emprise du point de vue étymologique, c'est l'équivalent d'entreprendre : du latin *prehendere*, « prendre avec la main pour maîtriser ». C'est aussi un terme qui, à l'époque féodale, désignait la prouesse chevaleresque, et les jeux militaires des chevaliers étaient nommés *emprises* d'armes. Ainsi, derrière l'emprise, en plus de « cette main » qui menace, il y a aussi un *jeu* – un jeu pervers, un jeu destructeur, un jeu qui ne fait qu'affirmer l'horrible toute-puissance de l'un sur la désormais faiblesse de l'autre. Et il est vrai que, pour le bourreau, il s'agit bien de jouer avec sa victime, comme un chat avec une souris. Et que fait le chat après avoir joué avec la souris ? Il finit par la manger. Le jeu se transforme en drame, en massacre. La légèreté cède à la gravité. Ce glissement, qui fait que la victime face à l'humeur de son bourreau ne sait jamais vraiment « à quelle sauce elle va être mangée », est insidieux et se traduit par le passage d'un ton léger dans l'échange à une soudaine violence, inattendue, surprenante qui tombe comme un glas et à laquelle on ne s'attend pas. Des rires aux larmes. Brusquement, comme un nuage noir devant le soleil confisquant la lumière de la vie, le ton change. Ce glissement est imprévisible, si bien que la victime est toujours sur le qui-vive. Les coups tombent au moindre prétexte, que ce soit en mots ou en actes. Les coups face auxquels il n'est plus possible d'objecter quoi que ce soit sous peine de risquer sa vie.

Nous sommes en plein dans la dialectique du maître et de l'esclave. Cette image célèbre développée par Hegel[2], où la peur et le désir sont les deux leviers de la lutte à mort des consciences, et dont l'enjeu est la reconnaissance par l'autre. Pour s'entendre dire « tu es », « tu existes », chacun va jouer sa vie. Mais, pour être reconnu, il faut quelqu'un qui puisse reconnaître, il faut donc être deux. C'est alors que la situation se renverse. Le maître existe par l'esclave qu'il possède (il est maître précisément parce qu'il a un esclave) ; quant à l'esclave, il ne possède rien, pas même sa propre vie, mais il travaille pour faire en sorte que la vie (matérielle) du maître puisse être possible. La vie du maître dépend en ce sens du travail de l'esclave. Si bien que sans l'esclave, le maître n'a plus rien… n'*est* plus rien. Il est donc dépendant de l'esclave pour être. Quant à l'esclave, il est *actif*, il opère par le travail un lieu de transformation. C'est par le travail que l'esclave va affirmer son existence.

Cette image peut s'appliquer à la relation d'emprise qui s'opère au sein d'un couple. Dans le cas des violences conjugales, la victime est réduite en esclavage, elle appartient à son bourreau. Le travail, la socialisation peuvent être pour elle des moyens de libération, des moyens de reconnaissance. Précisément, la première chose qu'un bourreau inflige à sa victime dans une relation d'emprise, c'est de la néantiser au point qu'elle ne peut plus dire « je » et de l'isoler de toute relation sociale ou vie professionnelle. Là où la parole s'effondre, le sujet s'effondre. Là où il n'est plus possible de dire « je », il n'y a plus d'existence.

En France, ce sont très majoritairement les femmes qui sont victimes de violences conjugales[3]. Les violences faites aux femmes (à la différence des violences subies par les hommes) sont plus souvent de nature sexuelle. Il y a quelque chose d'ignoble dans la soumission sexuelle, quelque chose en plus de la seule violence physique psychologique ou encore affective : violer, c'est jouir de la vulnérabilité de l'autre. Marguerite Duras a eu ces mots très justes sur la condition des femmes en 1985 à propos de la relation conjugale : « La nuit elle rêverait qu'elle le gifle, qu'elle lui arracherait les yeux. Il ne saurait rien de tout ça. Ils ne savent jamais. Aucun homme au monde ne peut savoir ce qu'il en est pour une femme d'être prise par un homme qu'elle ne désire pas. La femme pénétrée sans désir est dans le meurtre. Le poids cadavérique de la jouissance virile au-dessus de son corps a le poids du meurtre qu'elle n'a pas la force de rendre : celui de la folie[4]. » Il y a dans les violences sexuelles un moment de désarmement, de mise à nu au-delà de la chair, de dépeçage à vif, et ce que le violeur arrache à sa victime, c'est aussi sa vulnérabilité inconditionnelle de sujet humain.

Le care

Ce sont des discours d'emprise ultra-culpabilisants qui ont réduit la place des femmes dans la société. Ces discours qui les ont conduites à *ne pas s'autoriser*, à se *soumettre* à l'autorité masculine, à ne jamais sortir de leur condition. Rappelons, entre autres dates, qu'une femme ne doit plus obéissance à son mari que depuis 1938 et qu'elle n'a le droit d'exercer une profession sans son accord que depuis 1965 (!). Avant cette date – et aussi, dans les faits, après, car on ne change pas les consciences, les mentalités et les habitudes par décret –, les femmes étaient considérées comme inférieures à leur mari, incapables d'être responsables, de décider par et pour elles-mêmes. Nous parlons de discours ambiants dans la société qui ont duré pendant plusieurs siècles et qui ont été abolis il y a seulement un peu plus de cinquante ans ! Ce qui signifie que nos mères, nos grands-mères étaient encore sous l'emprise de ces discours de soumission et de culpabilisation domestique.

Ces discours véhiculés par la société (phallocratie) et donc – en plus d'être légaux – légitimes soutenaient qu'une femme devait prendre soin de son foyer (homme, enfants) ; qu'elle devait obéissance à son mari, devait penser comme lui, ne pouvait s'opposer à sa volonté, et aussi devait se soumettre sexuellement. Évidemment, elle devait avant tout être formée à l'art de bien tenir son ménage (on se souvient des campagnes publicitaires dans ce sens, de la « parfaite petite ménagère » des années 1950-1960[5]). Il lui revenait donc de faire, sans faillir, la cuisine, le ménage, la lessive, de s'occuper des enfants. Elle existait par la perfection qu'elle mettait dans la réalisation de ces tâches.

Elle se situait ainsi au plus bas de l'échelle de la société, mais aussi au plus bas de l'échelle de Kohlberg qui évalue les différents stades du développement moral chez un individu. Développée par le psychologue américain Lawrence Kohlberg, inspirée de Piaget, cette échelle décrit les étapes de développement des facultés cognitives permettant d'accéder à un jugement moral[6]. Il en comptabilise six : 1. Obéissance et punition ; 2. Intérêt personnel (l'enfant intègre la récompense en plus de la punition) ; 3. Relation interpersonnelle et conformité (l'enfant intègre les règles d'un groupe) ; 4. Autorité et maintien de l'ordre social (l'enfant intègre les normes sociales) ; puis à partir de l'adolescence : 5. Contrat social (l'adolescent intègre le respect de la loi, même quand elle entre en conflit avec son opinion) ; 6. Principes éthiques universels (l'individu a une réflexion éthique qui lui permet de défendre un jugement moral primant sur le respect de la loi).

Selon Kohlberg, seulement 13 % de la population peut atteindre le dernier stade. Les femmes n'en font pas partie : elles ne parviennent pas à accéder à un jugement moral propre et donc à être autonomes et responsables. Une collègue de Kohlberg, Carol Gilligan, a cherché à comprendre pourquoi les femmes avaient tendance à se maintenir dans les stades inférieurs, en étudiant plus précisément les discours moraux des jeunes filles.

Le test de Kohlberg s'appuie sur un dilemme éthique, connu sous le nom de test de Heinz : « La femme de Heinz est très malade. Elle peut mourir d'un instant à l'autre si elle ne prend pas un médicament. Celui-ci est hors de prix et Heinz ne peut le payer. Il se rend néanmoins chez le pharmacien et lui demande le médicament, ne fût-ce qu'à crédit. Le pharmacien refuse. Que devrait faire Heinz ? Laisser mourir sa femme ou voler le médicament ? » Il en ressort que les garçons et les filles ne réagissent pas de la même façon : les garçons estiment qu'il doit voler le médicament et les filles qu'il doit exposer son problème au pharmacien pour l'inciter à le lui offrir. Kohlberg en conclut que les filles sont naïves et qu'elles n'intègrent pas les principes universels de justice.

Gilligan a une interprétation très différente : le discours masculin est fondé sur un monde où règne la justice ; alors que le discours féminin repose sur le dialogue, le sens des responsabilités, l'attention à l'autre, la sollicitude. Elle fonde alors l'*ethics of care* – l'éthique de la sollicitude –, comme en témoigne son essai majeur *In a Different Voice*[7]. Elle explique que de tout temps, les femmes ont été assignées à des tâches de soin, de sollicitude, d'attention, d'écoute, d'entraide… comme si la société avait toujours vu en la femme un être altruiste, aidant, se souciant du bien-être d'autrui… un être sacrificiel. Or, se comporter différemment et refuser d'être cette gentille femme soumise, attentionnée, douce, serviable et servante, capable de porter la douleur d'autrui sur son propre dos, c'était s'opposer violemment aux discours sociétaux. Se voir confrontée aux jugements, regards et autres paroles culpabilisantes jusqu'au rejet. Si bien que la femme, pendant des siècles, n'a cessé de subir des discours d'emprise, ne lui laissant aucune chance d'accéder à elle-même, d'affirmer sa voix, de penser différemment de ce que la société attendait d'elle. Les femmes se sont soumises. Et je pense que ces discours d'emprise culpabilisants – et donc suffisamment inhibants pour empêcher toute action ou révolte – sont encore parfois présents aujourd'hui de manière insidieuse, invisible, malgré le libéralisme décrété. Pour exemple : l'attente de toute une société que des couturières (à très large majorité, des femmes, comme un héritage des temps passés non révolus) réalisent des masques bénévolement pendant la crise sanitaire de la Covid-19[8]. On attendait une fois encore que ce soient des femmes qui se sacrifient et qui prennent soin de tous. Or avaient-elles la possibilité de ne pas répondre à cette attente sans être confrontées à un puissant jugement moral et culpabilisant ? Nous voilà encore en présence d'un choix contraint.

C'est de manière invisible, dans le quotidien, dans les tâches les plus basiques, que s'inscrivent ces discours d'emprise culpabilisants, sur le plan individuel comme collectif. Des discours qui sont à ce point légitimés de manière collective et répétés qu'il devient impossible de ne pas les intégrer, que l'on soit femme ou homme. Des discours qui sont à ce point véhiculés, enracinés et suivis qu'ils forment des codes, des règles, des lois fermes et rigides : des lois morales. S'y opposer, ce serait basculer du côté du mal, ce serait donc *mal faire* et être *coupable.* Qui voudrait *mal agir* et porter sur soi le regard inquisiteur de toute une société ? Qui voudrait *mal agir* et être taraudé jour et nuit par la culpabilité, le remords, la mauvaise conscience ? Qui voudrait s'infliger une telle torture morale ? À la différence de la torture physique qui est imposée par une altérité, la torture morale est infligée par soi-même : nous devenons notre propre bourreau. C'est cela que l'on nomme *influencement*, excluant toute révolte, toute résistance, toute opposition que ce soit en paroles ou en actes. C'est cela qui *soumet volontairement*, par la force du choix contraint.

L'éducation au chantage affectif

On retrouve encore ces discours d'emprise ultra-culpabilisants, à la fois individuels et collectifs, dans l'éducation des enfants. Prenons un exemple qui parlera à tout le monde et qu'il est difficile d'éviter : le chantage. Il y a différentes manières de manier le chantage : promettre une récompense à l'enfant s'il se comporte bien ; le valoriser narcissiquement ; ou l'humilier s'il se comporte mal. Bien sûr, inutile de préciser que le chantage n'est jamais une bonne solution. Cependant, c'est une attitude dans laquelle se réfugient nombre de parents à bout de souffle ou cherchant désespérément une solution quand ils se trouvent en difficulté avec un enfant. « Si tu n'as pas une bonne note à ton contrôle de maths, tu seras privé de jeux vidéo » ; « Si tu ne finis pas ton assiette, tu n'iras pas en promenade » ; « Si tu n'obéis pas, je le dirai à ton père et il va te gronder très fort ». Ces injonctions qui semblent sorties d'un autre siècle sont toujours d'actualité ! Elles placent l'enfant en situation de choix contraint.

On peut aussi les utiliser dans un autre sens, tout aussi contraignant : « Si tu travailles bien à l'école, tu auras une récompense » ; ou encore : « Comporte-toi de telle sorte que je sois fier (fière) de toi. » Elles agissent là précisément sur la capacité à culpabiliser d'un enfant, dont le narcissisme et le surmoi agissent en véritable censeur.

Il est difficile de dater à quel moment la culpabilité d'un enfant se développe (même si la période œdipienne peut être un indicateur). Il faudrait évaluer à quel moment les interdits, les normes et les ressentis moraux se mettent en place. Piaget disait qu'un enfant éprouve le sentiment d'injustice dès le bac à sable et qu'il en déduit ce qu'est la justice. On constate qu'autour de 2 ans[9], un enfant témoigne d'une certaine forme d'inconfort moral quant à des actions négatives qu'il commet et pour lesquelles il se fait réprimander. La culpabilité se définit alors par un sentiment interne dans le rapport à l'autre ou au groupe social, qui renvoie à la responsabilité que le sujet porte dans ce qu'il a commis ou pas. Menacer un enfant d'une punition ou d'une récompense pour orienter son comportement, c'est précisément ne pas le responsabiliser quant à la manière dont il doit se comporter. C'est l'inviter à agir *sous contrainte* en jouant à la fois sur son narcissisme et son affectivité. En d'autres termes, c'est une menace de rejet – et d'abandon – qui est en question dans le chantage, qui de ce point de vue est toujours *affectif*. Par la peur terrible d'être rejeté, l'enfant sacrifiera son désir et se soumettra à la volonté de l'adulte. C'est donc bien une forme d'éducation par la culpabilité, qui interroge d'un point de vue moral.

À cette tyrannie surmoïque que l'enfant découvre, il faut aussi parfois ajouter les insultes et les humiliations qui vont continuer à affaiblir son narcissisme et l'image qu'il a de lui-même, tout en renforçant son masochisme moral. C'est ainsi que l'on peut comprendre des personnalités qui plus tard se révéleront sous des traits d'une grande rigidité et certains comportements obsessionnels. Cela mène aussi à des conduites d'échec inévitables, à des défaillances narcissiques qui se traduisent par un manque de confiance en soi, des complexes intellectuels et/ou physiques et des difficultés à s'aimer.

Bien évidemment, tous les parents ont déjà usé du chantage pour parvenir à calmer un enfant. Le problème n'est pas là, il survient en revanche quand le chantage est récurrent et devient un mode à la fois relationnel (d'échange et de communication entre les parents et l'enfant) et éducatif.

Se plaindre ou dire ?

Des violences domestiques qui jouent le jeu pervers de la culpabilité, on en retrouve encore la trace, moins marquante mais tout aussi destructrice, dans de petites expressions du quotidien qui visent à dégrader peu à peu l'estime de la personne qui en est victime. Une d'elles, particulièrement fréquente, est celle que nous citions précédemment et qui renvoie la faute sur la victime elle-même : « Arrête de te faire passer pour une victime. » Cette expression est archétypale de cette soumission volontaire induite par la culpabilité. Précisément parce que la personne n'a plus le droit de *se plaindre*.

Mais qu'est-ce qui se cache derrière la plainte ? La plainte ne serait-elle pas une forme de manipulation pour susciter la pitié et l'apitoiement ? Ou, au contraire, la plainte n'est-elle pas le dernier recours du *dire* ? Car la plainte dans le contexte de choix contraint doit se comprendre comme le dernier exercice du libre arbitre avant sa transformation en illusion, avant sa disparition. En ce sens, elle s'entend comme le refus d'entrer dans le jeu de la perversion morale que représente le choix contraint, un refus de soumission, un cri qui s'énonce et qui dénonce l'intolérable comme la manifestation de résistance.

Toutefois, qui a accès à la plainte ? Sophie, l'héroïne de Styron, a-t-elle seulement la possibilité de la plainte ? Les soignants placés face au choix terrible qui leur est imposé peuvent-ils se plaindre et s'insurger d'une telle situation quand il s'agit d'y faire face immédiatement ? Quant à l'avortement, il n'est plus non plus le temps ni l'occasion de la plainte car, au moment où la question se pose, il n'est plus possible de faire machine arrière.

Il faut donc encourager la possibilité de la plainte comme dernier sursaut de notre libre arbitre. Cesser de la considérer comme une faiblesse emblématique de la position de victime. Des phrases telles que : « Je n'en peux plus, je suis épuisée » ; « J'en ai marre de tout ce monde ! » ; « On ne peut jamais être tranquille cinq minutes ! » ; « Tu peux arrêter de m'agresser, s'il te plaît ? » ; « Ce n'est pas ma faute… je n'y suis pour rien… je te jure que ce n'est pas moi » ;

« Tu ne m'écoutes jamais… tu ne me vois pas… », sont inaudibles et souvent arrêtées par des « Arrête, tu me soûles », « Tu passes ta vie à te plaindre » et autres : « Tu fais encore ta victime… » qui empêchent l'autre de s'exprimer. Par ces phrases l'interlocuteur sous-entend que la personne fantasme son mal-être, ses difficultés, et la rend donc deux fois coupable : coupable de s'imaginer être mal alors que tout va bien et coupable de mentir à l'autre pour lui inspirer (ou lui extorquer) de la pitié, de la compassion, de l'empathie… Il espère ainsi, en débusquant la manipulation de la « fausse victime », qu'elle s'inclinera devant celui qui a découvert son stratagème. Il devient le *dominant* et il ne reste plus alors à la « victime » que la culpabilité et le silence.

Gaslighting

Une variante plus élaborée de ce mécanisme d'isolement est le moment où l'on confie à un proche un souci, une tristesse, une douleur morale et que la personne qui reçoit cette plainte réagit en disant : « Tu devrais aller voir un psy. » Plus largement, cette pratique qui consiste à ramener la souffrance d'une femme à une maladie mentale – dont les variantes bien connues sont « Tu es folle », « Tu es hystérique » ou encore « Tu es malade », « Tu ferais bien de te faire soigner » – est une inversion de la situation « coupable-victime ». On la retrouve fréquemment dans le cas de violences physiques ou psychiques. Cette forme d'abus mental lors duquel l'information est détournée pour faire douter la victime de son propre jugement, de sa mémoire, de sa perception et de sa santé mentale porte un nom : le *gaslighting*. Ce terme provient de la pièce britannique *Gas Light* de Patrick Hamilton datant de 1938 et adaptée au cinéma par George Cukor en 1944 – connue en français sous le titre de *Hantise*. Dans cette pièce, où la manipulation tient le premier rôle, le mari tente de persuader sa femme – ainsi que son entourage –, à force de multiples mises en scène, qu'elle est folle. Le titre de la pièce provient de l'affaiblissement de l'éclairage au gaz qui se produit quand le mari se rend dans le grenier pour une activité qu'il dissimule. Sa femme a remarqué ce changement, mais ce dernier lui explique qu'elle fabule. À la suite de la pièce et de son adaptation cinématographique, le terme de *gaslighting* (« détournement cognitif » au Québec) a fait son apparition en 1956, désignant la capacité à manipuler la perception de la réalité d'autrui dans le but de le convaincre de sa folie. De la sorte, les agresseurs deviennent de simples témoins et ne risquent plus d'être accusés. Les abus et manipulations en tout genre peuvent alors se poursuivre. Ainsi, dans « le *gaslighting* la culpabilité de la souffrance de la victime est injustement attribuée à la victime elle-même[10] ».

Dans un tel contexte, aucune plainte n'est plus recevable. Le plaignant, la « victime », se trouve alors confronté(e) au silence, à l'isolement, à la solitude et surtout à un profond sentiment d'incompréhension. Il lui est de ce fait impossible de ne pas éprouver une culpabilité à multiples visages : suis-je réellement responsable de mon état ? Peut-être que l'autre a raison au fond ? En fait, je suis lâche et je ne cherche peut-être qu'à profiter de l'autre en lui inspirant de la pitié ? Mais si je souffre (car cette souffrance est bien réelle) et que je suis responsable de cet état, pourquoi est-ce que je continue et que je ne vais pas mieux ? Suis-je incapable de trouver des solutions à mes soucis ? Suis-je nul(le) à ce point ? Dans ce bouleversement intérieur qui ne s'opère que dans le silence et le repli sur soi, en dehors du monde et de tout regard, là où la personne s'absente de tout, là où elle disparaît, il n'y a plus de mots, plus rien à *dire*.

La plainte est quelque chose de très mal accepté dans notre société contemporaine car elle contredit l'image policée du succès, de la réussite, du bien-être physique et moral. Derrière cette impossibilité de se plaindre se cache l'illusion d'une course à la perfection voulant rendre l'homme toujours plus performant et sans aucune aspérité. Lisse. L'égal d'un dieu. La souffrance n'a pas lieu de cité.

Un exemple récent vient corroborer cette impossibilité du dire de la plainte que l'on transforme en culpabilité : celui des mères en plein confinement[11]. La société exerce des pressions de plus en plus fortes sur les mères (on va jusqu'à parler de « charge mentale » pour les mères au foyer ; cette pression s'exerce aussi notamment en ce qui concerne l'accouchement ou encore l'allaitement) et le confinement a été le moment d'une explosion de leur culpabilité. Les enfants confinés étaient constamment présents à la maison. Elles se sont trouvées dans un étau terrible, entre entretenir leur foyer, s'occuper de la scolarité virtuelle et gérer en même temps leur propre télétravail. Habituellement, les enfants sont à la crèche, à l'école ou engagés dans des activités périscolaires ; les mamans sont au travail ou engagées dans une vie sociale à l'extérieur de la maison ; mais là, nulle échappatoire possible pour celles qui devaient tout assumer de front, sans possibilité de fuite. Pas de pause pour celles qui sont sollicitées en permanence.

S'est ensuivi, comme le démontre la psychologue Jennifer Galvan, un certain laxisme dans l'éducation, tel que la permission de passer plus de temps devant les écrans ou encore de manger différemment. Ce « relâchement » a entraîné chez de nombreuses mères un sentiment de culpabilité accentué par le fait qu'étant sollicitées de toutes parts et incapables de répondre parfaitement à tout, elles se sont retrouvées à tout faire « pas assez bien ». En aucun cas leurs plaintes n'étaient audibles dans la mesure où le monde avait fort à faire avec la souffrance de chacun en cette période de crise. Qu'aurions-nous pensé de telles plaintes face à la détresse de ceux qui étaient en train de se battre contre le virus ou de ceux qui avaient mis leur vie entre parenthèses pour prendre soin des malades ?

Mais cette plainte est-elle même audible en dehors de toute crise sanitaire ? Une mère peut-elle se plaindre d'être à bout de forces, à bout d'elle-même, quand elle a apparemment coché toutes les cases de la réussite hypermoderne ? Combien de fois, à côté de l'expression « Arrête de te plaindre », on entend : « Mais tu as tout pour être heureux (se) ! », renvoyant à nouveau à la culpabilité de la plainte et traduisant avec tant d'impuissance une *impossibilité à dire.* Si bien que *tout ce qui ne peut plus se dire* finit bien souvent sur les limbes d'un divan, là où précisément il y a quelqu'un pour écouter… ou sur les réseaux sociaux, là où la lumière de l'altérité est toujours allumée.

Néanmoins, et c'est un triste constat, ce type de discours ne s'adresse ni à un psy ni à une altérité sans visage, mais au contraire au regard d'une altérité amie, au cœur de ce qu'il y a de plus humain en nous, aux sentiments d'humanité. Un psy n'est pas un ami… quant à nos « amis Facebook »…

Coupable de ne jamais assez bien faire

La culpabilité liée à la plainte qui traduit une impossibilité à dire quelque chose d'une souffrance ou d'une douleur qui ne trouve pas d'adresse est renforcée par une autre forme d'impuissance qui peut être profondément ressentie : le sentiment de *ne jamais assez bien faire.* Ce sentiment est bien connu de ceux qui, pétris de bonne volonté, s'acharnent à vouloir plaire aux autres, dans une quête de reconnaissance qui semble insatiable ! Cela ne suffit jamais, il faut persévérer encore et encore.

Je me souviens de cet homme, en difficulté dans sa famille depuis qu'il était devenu père. Sa femme lui reprochait sans cesse de ne jamais en faire assez : il n'accordait pas assez de temps à son fils ; il ne s'investissait pas assez dans les tâches de la maison ; il ne s'intéressait pas à elle… Au début, il prenait le temps de répondre à son épouse et justifiait ses comportements, mais elle était incapable d'entendre ses arguments car le seuil où ils plaçaient l'un et l'autre ce qui est *assez* ou ce qui est *insuffisant* était différent. Chacun avait raison d'après son jugement respectif. À bout d'explications vaines, cet homme avait fini par baisser les bras et par se taire. Il avait commencé alors à être convaincu de sa culpabilité. Tout d'abord, il avait redoublé d'efforts, puis, comme cela ne suffisait jamais, qu'il n'obtenait jamais ce regard de reconnaissance et de gratitude dont il avait besoin pour apaiser sa culpabilité, il avait insisté plus encore. Jusqu'au jour où il baissa les bras définitivement : un matin, en partant au travail, il décida de ne pas rentrer. Sa culpabilité était devenue trop forte, insoutenable. Dans une situation condamnée à l'échec, sans issue possible, il décida de renoncer et de ne plus être confronté aux regards-juges de ceux qui lui rappelaient constamment ses manques. Il préféra souffrir d'avoir été lâche que coupable.

Vivre avec un sentiment de culpabilité ou, pire, être confronté à des regards-juges permanents est inconfortable au point de devenir intenable. On ne peut pas survivre à une telle angoisse au fond de soi. Nombreux sont ceux qui préfèrent la fuite – ou encore la mort. Or, nous vivons dans un monde où précisément la culture du *That's never enough* est puissamment ancrée. On se souvient du slogan polémique de Nicolas Sarkozy, alors président de la République : « Travaillez plus pour gagner plus. » Tout un symbole, que cette injonction ! Il s'agit de repousser inlassablement ses limites. Ce qui correspond parfaitement à une société hyperbolique (*hypermoderne*), une société superlative qui se définit dans l'intensité qu'elle donne à vivre ; une société de la surenchère marquée par le *always more*.

Le *never enough* et le *always more* traduisent une problématique double qui est à la fois celle du *désir* et de son *insatisfaction*[12]. Le problème, à l'échelon collectif et qui rejaillit dans les comportements individuels, se situe dans le fait qu'envisager les choses sous cet angle rend la satisfaction impossible. Et à force de ne pouvoir être satisfait, le désir peu à peu se trouve découragé et renonce à s'exprimer. Quand le désir s'étiole, c'est le sujet lui-même qui disparaît.

C'est la même injonction *jamais assez-toujours plus* que l'on retrouve dans le registre professionnel où les collaborateurs sont soumis à une pression qui les maintient dans un sentiment d'insatisfaction chronique. Une insatisfaction qui donne lieu à un profond sentiment d'incompétence, si bien que le sujet continue à fournir des efforts avec toujours plus d'ardeur jusqu'à en tomber malade, cherchant une reconnaissance vaine. Le véritable moteur de cette soumission à de telles injonctions que sont les *jamais assez-toujours plus*, on le retrouve une fois de plus dans la culpabilité. Comme l'homme que j'évoquais plus haut, la personne se convainc qu'effectivement elle n'en fait jamais assez.

Ce sentiment est aussi très présent chez les parents qui ont l'impression de ne jamais en faire assez pour leurs enfants toujours plus demandeurs. Eux aussi se retrouvent alors en situation de choix contraint entre leur culpabilité de mal faire et le sentiment, lui aussi coupable, de ne jamais en faire assez. La raison pour laquelle les parents ont tant de difficultés à poser des limites et à dire : « Là, ça suffit ! », donnant une limite à la surenchère, c'est précisément la culpabilité. Et à ce jeu-là, les enfants sont très doués, eux qui dans notre monde ultra-consumériste (d'objets, d'attention, d'amour, de présence...) semblent ne jamais être satisfaits.

L'enjeu est alors d'avoir le courage de refuser une telle culpabilité. S'il n'y avait qu'un problème individuel à régler, un travail en thérapie pourrait suffire. Mais là où cela devient complexe, c'est que ces comportements culpabilisants et ces choix contraints sont précisément légitimés par la société elle-même. De ce fait, il devient très compliqué de s'en extraire.

*Le syndrome de l'imposteur et l'*overdoing

C'est ainsi que des comportements émergent, directement inspirés par les normes sociétales contemporaines en matière de culpabilité, à l'exemple du syndrome de l'imposteur[13].

Le syndrome de l'imposteur, décelé en 1978 par des chercheurs américains, désigne un comportement consistant à systématiquement mettre en doute ses compétences ; à ne jamais admettre que l'on est réellement responsable de ses succès ; à ne pas reconnaître que l'on a une valeur propre. 70 % de la population en souffrirait au moins une fois dans sa vie[14].

Ainsi, les personnes cherchent des quantités de prétextes pour justifier que tel succès obtenu dans leur travail par exemple ne doit pas leur revenir : « C'est un coup de chance ! », « Ce n'est pas grâce à moi, mais à mon collègue, tout le mérite lui revient... », « C'est grâce à un moment favorable »... Elles sont tellement convaincues de leur incapacité à réussir et surtout de leur faible valeur qu'elles adoptent alors toute une série de stratégies d'évitement ou de défense pour ne pas être démasquées ; pour que personne ne découvre l'escroquerie dont elles sont coupables. Elles sont terrifiées à l'idée que les autres découvrent leur véritable valeur : en l'occurrence qu'elles sont incompétentes, qu'elles ne savent rien.

Ces conduites engagent un surinvestissement, c'est ce qu'on appelle l'*overdoing* : en faire toujours plus. Ainsi, le succès proviendra de la grande quantité d'énergie investie dans la tâche accomplie et non des compétences propres de la personne. Et en cas d'échec, cette stratégie de l'*overdoing* donne à la personne une excellente justification vis-à-vis d'elle-même : elle n'est pas assez compétente, elle n'est pas suffisamment efficace... Ce qui vient à l'encontre des logiques d'exigence contemporaine tout en renforçant le symptôme.

Précisons qu'hommes et femmes peuvent souffrir de ce syndrome. Toutefois, prises dans le fil de certains discours (notamment ceux mis au jour par les études sur le *care*), les femmes y semblent particulièrement sujettes. Ainsi en sera-t-il d'une femme qui obtient de plus en plus de pouvoir et de responsabilité dans son travail. Pour combattre ce sentiment intime et cette lutte contre la culpabilité qui opèrent en elle constamment, elle travaillera plus, s'investira plus, sacrifiera plus, dans la terreur toujours accrue d'être démasquée et de tout perdre. Or vivre ainsi, sous le joug d'une telle menace, ne peut pas durer longtemps. C'est ainsi que nombre de femmes se sabordent elles-mêmes et renoncent à monter les échelons professionnels ou sociaux, construisant involontairement leur propre plafond de verre.

L'illusion politique ou la fabrique des coupables

La culpabilisation à l'échelle de masse est un phénomène particulièrement marqué en politique. Pour mieux comprendre les enjeux de la culpabilisation envisagée comme stratégie politique, commençons par une illustration significative : rappelons quelques phrases particulièrement emblématiques prononcées par Emmanuel Macron depuis son arrivée au pouvoir en 2017 et un peu avant, alors qu'il était en poste au sein du gouvernement de François Hollande comme ministre de l'Économie[1].

L'esprit du capitalisme

« Je traverse la rue et je vous trouve du travail » : face à la détresse d'un jeune homme de 25 ans qui ne parvient pas à trouver d'emploi, Emmanuel Macron lui répond qu'il lui trouve du travail dans la restauration ou le bâtiment simplement en « traversant la rue » mais que, pour cela, il faut accepter « les contraintes du métier ». Il soutient alors implicitement que ce jeune homme est trop fainéant pour accepter de telles contraintes et qu'il préfère se contenter du chômage tout en s'en plaignant : il est donc totalement responsable de sa situation. La culpabilisation est immédiate. Pas une seconde, le président ne prend en considération la formation, le désir ou les compétences de ce jeune homme.

« Des Gaulois réfractaires au changement » : devant la reine du Danemark, Macron ironise sur le peuple français après avoir comparé les Danois à un « peuple luthérien » capable de se soumettre aux changements. Si, donc, la France patauge dans des réformes qui ne passent pas et qu'elle s'enlise dans une forme d'inertie, c'est la faute à ce peuple de « Gaulois » qui s'entête dans l'immobilisme et l'immutabilité. C'est donc nous – les *Gaulois* – qui sommes coupables.

« On met un pognon de dingue dans les minima sociaux » ; « Je ne céderai rien ni aux fainéants ni aux cyniques » ; « Certains, au lieu de foutre le bordel, feraient mieux d'aller regarder s'ils ne peuvent pas avoir des postes » ; « La meilleure façon de se payer un costard, c'est de travailler »… Plusieurs phrases prononcées dans des contextes différents mais qui renvoient toutes à la même volonté de culpabilisation : si les gens sont pauvres, c'est leur faute, leur responsabilité, c'est parce qu'ils ne veulent pas travailler, parce qu'ils sont fainéants, parce qu'ils préfèrent « foutre le bordel », parce qu'ils sont « cyniques ». En ce sens, Emmanuel Macron décharge la responsabilité sociale, politique et collective sur la responsabilité individuelle. « Je suis responsable de tout […] condamné à être intégralement responsable de moi-même[2] », a précisément écrit Sartre. Cet excès de responsabilisation individuelle (et donc l'illusion d'une liberté individuelle) est aujourd'hui le cheval de Troie de la culpabilisation. Mis en avant par la philosophie existentialiste du début du XXe siècle, il est très dangereux : il a pour conséquence de déresponsabiliser la société et le collectif de ses engagements et de son rôle. D'autant que cet hyperindividualisme, s'appuyant aujourd'hui sur un cyber-individualisme (c'est-à-dire en résonance avec nos usages virtuels), repose précisément sur ce sentiment de toute-puissance selon lequel *on peut tout*. On n'est que ce qu'on se fait et donc, si l'on est un *raté*, si on n'arrive pas à tout, que notre vie est en *échec*, qu'on ne s'en sort pas, c'est forcément qu'on a mal agi ou qu'on n'a pas assez « bien fait ».

Cette logique est celle qui accompagne l'esprit du capitalisme dont Emmanuel Macron se fait le fervent ambassadeur. Rappelons que, dans son ouvrage *L'Éthique protestante et l'esprit du capitalisme* (1905), le sociologue Max Weber insiste sur « l'éthique de la besogne dans le protestantisme ascétique » et montre que « l'esprit du capitalisme est issu de motifs religieux ». Ainsi, selon lui, le capitalisme, pour qui le gain d'argent est devenu une fin en soi, repose sur des injonctions au travail fortement inscrites dans la religion :

> [...] sur terre, l'homme doit, pour assurer son salut, « faire la besogne de Celui qui l'a envoyé, aussi longtemps que dure le jour » [Jean IX, 4]. Ce n'est ni l'oisiveté ni la jouissance, mais l'activité seule qui sert à accroître la gloire de Dieu, selon les manifestations sans équivoque de sa volonté[3].
>
> Le travail cependant est autre chose encore ; il constitue surtout le *but meme* de la vie, tel que Dieu l'a fixé. Le verset de

> saint Paul : « Si quelqu'un ne veut pas travailler, qu'il ne mange pas non plus » vaut pour chacun, et sans restriction. La répugnance au travail est le symptôme d'une absence de la grâce[4].

Nous pourrions en déduire que si l'on ne travaille pas, on meurt de faim, et donc on devient *responsable* de sa propre misère. Si bien que le travail n'apporte pas seulement la santé, mais aussi la prospérité, moteur de la jouissance capitaliste.

Il n'est pas étonnant que l'esprit du capitalisme se retrouve dans la religion puisque, comme on l'a vu, la culpabilisation trouve aussi ses racines dans la religion. En ce sens, nous pouvons dire que nous assistons au même mécanisme (même si le capitalisme à l'époque de Weber est bien différent du nôtre) consistant à responsabiliser les gens de façon radicale afin, en cas d'échec – et l'échec du plus grand nombre est inévitable au vu des exigences, des injonctions paradoxales et des choix contraints de la société –, de les en rendre coupables et responsables. Si bien que certains discours de l'État ou des politiques, de la société elle-même se trouvent dédouanés. Il n'y a plus de collectif, plus de communauté, plus d'humanité. Dans un tel mode de gestion du vivre-ensemble, il ne demeure que des cyberindividus connectés les uns aux autres, sans lien pour autant, sans corps social.

Or, rappelons-le, c'est précisément le politique, l'esprit de groupe, de corps, l'idée de peuple (au fondement de la démocratie – du grec *dêmos* [peuple] et *kratos* [autorité]) qui font la communauté d'hommes, la société. L'approche contemporaine du vivre-ensemble – qui n'a plus que le nom sans le contenu ; nous devrions plutôt parler de « vivre à côté » – a précisément pour conséquence de détruire le collectif et d'annihiler dans son mouvement naturel tout sentiment d'humanité. Pour exemple, la plaisanterie douteuse d'Emmanuel Macron en Bretagne, tout à fait inscrite dans cet esprit : « Le kwassa-kwassa pêche peu, il amène du Comorien. » Autrement dit, au lieu d'aller travailler et de ramener du poisson – répondant aux exigences de rentabilité du travail –, les kwassa-kwassa (canots de pêche comoriens) servent aux passeurs qui amènent des migrants à Mayotte : une attitude purement humaine et anticapitaliste dénoncée par Emmanuel Macron qui souligne ainsi que l'esprit d'humanité est incompatible avec l'esprit du capitalisme. Et, de manière que cela soit bien inscrit dans les consciences de tous, il use de la culpabilisation. Ainsi, il sous-entend « Honte à ces kwassa-kwassa » qui font mal leur métier – notamment face aux pêcheurs bretons qui eux – sous-entendu encore – font bien le leur. On passera sur le caractère abject et profondément raciste de cette phrase et sur l'opposition suprématiste entre la culture comorienne et la culture bretonne... pour souligner que, lorsque survient une crise sociétale, qui n'est pas l'affaire de chacun, mais bien l'affaire de tous, comme le drame des migrants ou encore la crise sanitaire de la Covid-19, elle marque justement l'échec du politique et que c'est justement alors que se crée une nouvelle communauté d'individus, une communauté naturelle, une communauté humaine qui invite à redéfinir ce qu'est l'*humanité*, au-delà de toute forme d'hyper- et de cyberindividualisme.

L'injonction de réussite

C'est dans un lieu dédié aux start-up (un ancien bâtiment ferroviaire) qu'Emmanuel Macron lance cette phrase d'une arrogance sans nom : « Une gare, c'est un lieu où on croise des gens qui réussissent et des gens qui ne sont rien. » Une expression assassine qui évoque l'idée que, pour être « quelqu'un », il faut impérativement réussir.

Véritable faire-valoir capitaliste, chantre du néolibéralisme, la toute-puissance hyperindividualiste repose précisément sur l'idée de réussite sociale. Le fameux slogan : « Si à 50 ans on n'a pas une Rolex, c'est qu'on a raté sa vie », lancé par Jacques Séguéla en 2009 pour défendre Nicolas Sarkozy qui en portait une, reflète parfaitement cette injonction de réussite sociale et matérielle. Et rappelle que la réussite dépend de nous, que nous sommes entièrement responsables de nos succès ou de nos échecs. À tel point que, si nous n'arborons pas de signe distinctif de réussite, nous sommes réduits à néant, nous ne sommes *rien*. Mais qui, dans la grande majorité, peut se vanter d'afficher de tels critères de réussite sociale ? La culpabilisation s'abat alors sur ceux, sur nous – et nous sommes très nombreux à ne pas posséder de Rolex à 50 ans, à ne pas afficher une vie *successfull*, à se sentir mal parfois de ne pas parvenir à atteindre tous les objectifs d'une vie réussie telle qu'elle est décrétée par certains diktats.

Peut-on imaginer les conséquences de tels discours dans l'esprit de nos enfants ? Des discours insidieux, qui sont distillés au compte-gouttes, l'air de rien, des discours qui racontent que notre humanité passe par l'argent, la représentation, l'obtention de postes à responsabilité. Des discours qui, à force de rabâchage, finissent par entrer dans l'esprit de chacun et façonnent une certaine manière de penser. Qui oserait, aujourd'hui, remettre en question le fait qu'il faut effectivement *réussir sa vie*? Pour autant, *réussir sa vie* ne s'évalue sur aucune échelle, et le succès ou l'échec apparents ne sont en aucun cas des critères capables de définir le sens véritable d'une existence ; car enfin, « la vie est à elle-même son propre sens[5]... ».

La stratégie de la culpabilisation : soumettre l'opinion

En 1965, Jacques Ellul, dans *L'Illusion politique*, analyse avec finesse la politique confrontée au monde de l'image. Certes, à cette époque, Internet n'existe pas et on n'en est qu'aux débuts de la télévision, mais Ellul saisit parfaitement les enjeux d'un monde globalisé où se diffuse une information, y compris politique, désormais accessible à tous. Il insiste sur le fait que « la politique n'est plus un jeu de princes, mais elle suppose l'accord de l'opinion publique[6] », aussi bien... dans une dictature que dans une démocratie[7].

Or, que ce soit la diffusion mondialisée de l'information, ou l'importance de l'opinion, ces constatations non seulement sont toujours d'actualité mais sont aggravées par l'arrivée du numérique et de la virtualité. Ainsi, « maintenant que les masses ont accédé à la vie politique, et qu'elles s'expriment dans ce qu'on peut appeler l'opinion publique, il ne peut être question ni de rejeter les masses hors de la vie politique, ni de gouverner contre l'opinion publique[8] ».

Nous rejoignons là la question de la propagande, car celle-ci, dans ce contexte, par le rôle que jouent pour exemple les chaînes d'information en continu ou les réseaux (d'information) sociaux, prend une forme spécifique. Ainsi, « un gouvernement démocratique est maintenant tout à fait paralysé s'il ne tient pas par la propagande l'opinion dont il dépend. Il se doit de la former, de l'orienter, de l'unifier, de la cristalliser de telle façon que cette opinion ne bouleverse pas sans cesse le travail politique entrepris[9] ». Et c'est là qu'entrent aussi en jeu les mécanismes de culpabilisation/soumission qui sont à l'œuvre dans le but de manipuler l'opinion publique. Pour les comprendre, insistons bien sur quelques points.

Tout d'abord, comme nous venons de le dire, gouverner ne peut se faire sans l'opinion publique. Il faut donc – comme le souligne Ellul – « manipuler l'opinion ». Et toute la difficulté est de parvenir à le faire dans une société de transparence[10] où tout le monde a accès *immédiatement* à *toutes* les informations (vraies ou fausses, peu importe[11]) ; où chacun est amené à forger sa propre opinion (vraie ou fausse, peu importe) et à en changer, au rythme du zapping ambiant ; et où le secret semble impossible.

Ajoutons à cela l'importance prise par le libre arbitre et l'autonomie (physique et morale) dans un contexte hyper-individualiste où l'individu hypermoderne se caractérise par un sentiment de toute-puissance qui l'incite à prendre ses décisions seul, à être responsable de ses choix et de ce qu'il se fait, à n'avoir besoin de personne (égoïsme et égotisme), et en somme à être « libre » (sans que la notion de liberté soit clairement définie ni qu'elle fasse l'objet d'une réelle réflexion).

Dans un tel contexte, comment parvenir à concilier « manipulation de l'opinion de la masse » avec « autonomie et liberté » de celle-ci ?

C'est là qu'intervient la *stratégie de la culpabilisation* consistant à donner l'illusion de la liberté sous la forme de choix contraints : de petites phrases, de petites injonctions culpabilisantes sont distillées l'air de rien dans les médias, lors de prises de parole, dans divers événements publics, relayées par des ministres ou des membres du gouvernement. Personne n'est accusé frontalement, personne n'est clairement visé, cela reste général, mais tout le monde en prend pour son grade. *In fine*, l'opinion, ne pouvant répondre à ce qui bien souvent résonne comme des injonctions paradoxales, finit par se convaincre qu'elle est responsable de n'être rien. Elle continue à se croire libre car personne ne l'empêche de dire ou de faire quoi que ce soit et surtout elle pense effectivement avoir le choix. Et, convaincue qu'elle est responsable de tout (de l'absence de travail, des échecs, de ses incompétences ou de son inculture...), elle se trouve accablée par un sentiment de honte : la honte d'être ce qu'elle est, une honte dont elle se sent coupable. La honte et la culpabilité inhibent toute possibilité de réaction, ce qui a pour effet immédiat d'endiguer tout phénomène de controverse, de révolte, de résistance : le peuple se soumet. L'opinion est maîtrisée, « formée, orientée, cristallisée » comme l'évoquait Jacques Ellul. Et tout cela sous couvert d'une des plus dangereuses illusions de notre monde contemporain : l'illusion de liberté.

Une dictature cachée ?

Parmi les principes sur lesquels reposent la démocratie se trouve la souveraineté populaire, le respect des droits de l'homme, la participation (directe ou indirecte) aux décisions, la liberté de conscience et de culte, la liberté d'expression et de la presse, la liberté de réunion, d'association et de circulation, le droit à la propriété... On entend bien à quel point l'un des fondements de la démocratie est donc la *liberté* entendue en son sens le plus large. Or, précisément, ce que je dénonce, c'est que nous nous croyons libres parce que des choix nous sont proposés, mais que cette liberté est factice parce que ces choix sont contraints ; que la contrainte est d'autant plus forte qu'elle se pare des traits d'une prétendue liberté ; que les formes d'aliénation ont pris la forme de cette illusoire liberté.

La conséquence d'un tel fonctionnement est la mise en péril de la démocratie[12], non seulement du fait que la liberté se trouve menacée, mais aussi parce que l'esprit d'opposition et de contradiction n'est plus possible, le choix contraint étant précisément le lieu où le débat est absent : pas plus que la femme battue avec son bourreau, le médecin ne peut débattre avec l'institution au moment où se présentent à lui plusieurs patients sans qu'il puisse les soigner tous. Si bien que, sous les traits de la démocratie, se cache au contraire ce que nous pourrions appeler, selon une expression que j'emprunte au philosophe tunisien Fathi Triki, une « dictature cachée[13] » : une dictature qui prend la forme de la démocratie, mais qui, dans son fonctionnement, repose sur la soumission des masses et leur aliénation.

Jacques Ellul dénonçait lui aussi les travers d'un système technicien : « La démocratie n'est plus un moyen de contrôler le pouvoir, mais d'encadrer les masses[14]. » L'encadrement passe aujourd'hui par cette stratégie de culpabilisation qui entraîne une soumission volontaire. Paradoxalement, sous le prétexte d'une société libertaire, nous assistons à l'hégémonie d'une société liberticide ; sous couvert de l'expression démocratique, on construit une dictature cachée. Et, sur ce point, certains médias jouent un rôle décisif.

De la perversion médiatique à la violence des réseaux sociaux

> « Les médias constituent un système qui sert à communiquer des messages et des symboles à la population. Ils ont vocation à distraire, amuser, informer, et à inculquer aux individus des valeurs, croyances et codes comportementaux qui les intégreront aux structures sociales au sens large. Dans un monde où les richesses sont fortement concentrées et où les intérêts de classe entrent en conflit, accomplir cette intégration nécessite une propagande systématique. »
>
> Noam Chomsky et Edward S. Herman,
> *La Fabrication du consentement*,
> Agone, 2008, p. 26.

Polémiques dans les médias

Mardi 1er septembre 2020, Marina Foïs et Jonathan Cohen se retrouvent sur le plateau de l'émission « Quotidien » pour présenter le dernier film de Sophie Letourneur, *Énorme*. Dans ce film, Marina Foïs campe un personnage qui tombe malgré elle enceinte de son mari : une grossesse forcée. Et la chroniqueuse Maïa Mazaurette, non sans un certain cynisme mais avec aplomb, dénonce l'esprit de cette comédie, soulignant que « côté face, on est content de voir le désir d'enfant au masculin représenté au cinéma, ce n'est pas fréquent. Côté pile, ce désir se transforme en transgression physique monumentale. Le personnage prémédite une grossesse forcée, un événement pas banal dans la vie d'une femme et qui peut partiellement tuer une femme, et il persiste et signe puisqu'il fait en sorte que cette grossesse se prolonge ». Sous le regard médusé des deux acteurs, elle ajoute : « Il n'y a pas de qualification pénale pour la fécondation forcée, mais il y a entrave à l'IVG donc deux ans d'emprisonnement et trente mille euros d'amende quand même. En vrai, ça se terminerait probablement par un procès civil… »

Marina Foïs, qui défend des positions féministes, prend conscience en direct qu'elle vient de tourner et de promouvoir un film qui s'oppose à l'IVG, un film qui place précisément son héroïne en situation de choix contraint. C'est la consternation.

Quelques jours plus tard, sur un autre plateau, celui de « C à vous », Vincent Cassel, invité pour présenter un autre film, revient sur cette polémique. Et sans nommer l'émission, pousse un coup de gueule : « On est dans un truc de radicalisme, de pensée unique un peu. J'ai vu l'autre jour une émission dont je ne citerai pas le nom mais où tout d'un coup on faisait un procès d'intention quant au sujet du film.

"Ça dans la vie on payerait tant et on prendrait des années de prison." On est où là ? Ce sont des procès d'intention perpétuels, il faudrait que tout soit à niveau pour déranger personne mais ce n'est pas possible en fait[1]. » Et d'ajouter : « C'est très grave de remettre en question la fiction ! Très grave. »

À la suite de cet événement, Marina Foïs et d'autres se voient reprocher leur « tiédeur militante » et leur manque d'engagement[2]. Un article écrit par Frédéric Says et publié sur le site de France Culture revient sur cet épisode : « C'est arrivé à l'actrice Marina Foïs, très engagée pour les droits des femmes. Elle apparaît ces jours-ci dans un film intitulé *Énorme*. Elle y interprète une artiste que son mari cherche par tous les moyens à faire tomber enceinte, sans son consentement. La bande-annonce suggère une comédie sympathique et souriante. Mais voici que la promotion du film est perturbée par un passage dans l'émission "Quotidien", où la chroniqueuse Maïa Mazaurette aborde l'intrigue de cette comédie sous un autre angle… celui du point de vue pénal. […] Sur le plateau, l'actrice Marina Foïs reste bouche bée. Le passage a été partagé plusieurs milliers de fois sur les réseaux sociaux. Et des commentaires, par centaines, reprochent à l'actrice d'avoir accepté de jouer dans ce film. Ce qui revient, pour ces contempteurs, à piétiner ses engagements féministes. Accusation inique, qui confond un rôle de cinéma et une prise de position. La fiction et le réel. Et, au fond, l'art et la morale[3]. »

Frédéric Says conclut son analyse en soulignant que : « Certes, les controverses en pureté militante ne sont pas nouvelles. Elles sont même aussi vieilles que l'engagement politique. Elles deviennent néanmoins plus fréquentes et plus intenses. Pas uniquement par le fait des réseaux sociaux, comme on l'entend souvent, même si ces derniers participent à échafauder des procès 2.0 avec plus de procureurs que d'avocats. Le phénomène porte surtout la marque du dégagisme, qui ne s'applique pas seulement à la politique, mais à tous les domaines, y compris culturel. Un dégagisme qui va au-delà de ce qu'on appelle parfois la *cancel culture* (le fait d'annuler, de boycotter un artiste pour ses prises de position sociétales). Voici une machine insatiable qu'il faut nourrir en permanence, au risque d'être avalé par elle. Une machine à dénoncer qui s'emballe parfois jusqu'à happer ses propres artisans[4]. »

Notons ici que, si Marina Foïs n'avait pas perçu la situation de choix contraint et la détresse qu'il implique, c'est précisément parce que le choix contraint ne se laisse pas remarquer.

Une autre situation est à mettre en parallèle de celle-ci. Le 18 août 2020, Dorothée Barba, journaliste sur France Inter, animatrice de l'émission « L'Été comme jamais », fait son mea culpa sur Twitter en se reprochant à elle-même la manière dont elle a parlé d'une autrice nigériane, Chimamanda Ngozi Adichie, dans son émission un peu plus tôt dans la journée. Voici ce qu'elle tweete : « J'ai lu récemment et beaucoup apprécié *Americanah*, l'un de ses livres. J'ai voulu au passage le conseiller aux auditeurs et auditrices. Mais je n'avais pas le nom de l'autrice sous les yeux. Aussi ai-je dit : “On l'appelle Chimamanda, c'est plus simple.” » Par la suite, tout en reprenant les faits, elle précise avec contrition : « Si j'avais entendu ça à la radio, en tant qu'auditrice, j'aurais été ulcérée. Non, on n'appelle pas une femme par son prénom parce que "c'est plus simple". Cela contribue largement à l'invisibilité des femmes. » Et elle termine par ces tweets sans équivoque : « Pour certain.e.s, sans doute, ce n'est pas si grave. Et puis mon intention était bonne. Mais les mots ne sont jamais un détail. On sait de quoi l'enfer est pavé. Nous sommes, tous et toutes, pétri.e.s de stéréotypes à déconstruire. Voilà qui vient me le rappeler. Je suis désolée. Et lisez *Americanah* de Chimamanda Ngozi Adichie[5] ! »

Ces deux situations sont des épiphénomènes et ne semblent pas avoir beaucoup d'importance dans la sphère virtuelle où les polémiques jaillissent par dizaines quotidiennement et disparaissent tout aussi vite. Mais elles nous semblent révélatrices des stratégies de culpabilisation/soumission à l'œuvre dans le contexte de choix contraint. La situation qu'évoque le film *Énorme* nous permet de réfléchir sur la *cancel culture* ; et celle impliquant Dorothée Barba d'aborder la notion d'autoflagellation numérique ou l'*auto-troll*.

La cancel culture *ou culture de l'effacement*

Ce qu'on appelle *cancel culture*, que l'on peut traduire par « culture de l'annulation », « culture du boycott », « culture de l'humiliation publique », « culture de la dénonciation » ou encore « dégagisme », désigne le comportement qui consiste à dénoncer et boycotter une personne pour ses idées ou ses propos et à l'expulser des réseaux sociaux, des cercles professionnels dans le monde physique ou virtuel. Ainsi, la personne est « annulée », jusqu'à devenir invisible. C'est d'une certaine manière une forme de *ghosting idéologique.*

L'usage du terme *cancel* aurait été mis en avant en 2015[6] et se serait ancré dans les esprits à partir de 2018, comme en témoigne l'article « *Have we hit peak cancel culture ?* » paru le 13 décembre 2018 sur le site de CBC Radio et rédigé par le journaliste Jesse Kinos-Goodin[7]. Ce dernier relève que l'apparition de ce comportement est la rencontre d'au moins deux facteurs : le phénomène #MeToo et les dénonciations qui se sont ensuivies, et la culture du *call-out* très en vogue aux États-Unis. Le *call-out* est une forme de dénonciation publique, une sorte de « culture de la délation ». Le politologue Jean-Éric Branaa explique qu'avant l'arrivée d'Internet, ce comportement se rencontrait aux États-Unis sous la forme des affiches *WANTED*, souvent présentes dans les westerns, sur lesquelles on placardait un nom, un visage et une mise à prix pour quiconque retrouverait l'individu *dead or alive* – mort ou vif –, et que ce genre de dénonciation n'a pas disparu dans le pays. Il prend l'exemple d'un pédophile qui s'installerait dans un quartier : « Il arrive que ses voisins placardent des affiches dans les rues avec son nom et les faits pour lesquels il a été condamné. Cela n'est pas du tout considéré comme du harcèlement. La personne est obligée de déménager, jusqu'au jour où de nouveaux voisins découvrent à leur tour son passé. Avec l'émergence des réseaux sociaux, il est encore plus compliqué d'échapper à ces "*Wanted*" de l'âge numérique[8]. »

Évidemment, la délation ou la dénonciation ne sont pas

nouvelles. On se souvient des milliers de lettres reçues sous le gouvernement de Vichy visant à l'*annulation* jusqu'à l'anéantissement du voisin, du commerçant, du dissident. Ce qui diffère cependant, outre que ce phénomène se trouve accentué à l'heure des réseaux sociaux et de la prolifération de l'information à une vitesse inédite, c'est que désormais le lynchage ne se cache plus ; que les auteurs ne sont plus anonymes et s'affichent ; qu'ils font bloc. Ce phénomène est important à plusieurs titres dans ce qu'il sous-tend.

Jugement permanent et populisme

La *cancel culture* est l'expression d'un jugement permanent, celui de cette fameuse armée de regards-juges à la solde d'une sorte de tribunal populiste censé établir une certaine norme et dont la « justice » ne reposerait que sur l'opinion d'un groupe. Un propos peut être interprété d'une certaine manière n'entrant pas dans ce qui est admis comme « correct ou acceptable » ? Il est immédiatement dénoncé et son auteur cloué au pilori. Marina Foïs, frappée de stupeur sur le plateau de l'émission « Quotidien », en a été victime. On ne prend guère de risque en affirmant qu'elle n'a sûrement jamais eu l'intention de chercher à défendre une quelconque entrave à l'IVG. Pourtant, elle se trouve accusée, puis responsable. Bien évidemment, les propos de Maïa Mazaurette en appellent à sa culpabilité (visible sur son visage qui se décompose en direct) : Marina Foïs devient coupable d'une intention qui n'a jamais été la sienne, parce que ses propos ont été interprétés d'une certaine façon.

Le problème qui se joue – et qui est fréquent sur le Net, notamment sur des sites où l'activisme est notoire – est, on le voit, la question de l'interprétation des propos, l'usage de certains discours, de certaines rhétoriques. Alors certes, il y a la possibilité d'écrire des *threads* (fils) et cela se fait systématiquement pour expliquer une situation, un fait. Mais la possibilité d'expression reste relativement restreinte (280 caractères et des vidéos de 2,20 minutes…), de quoi favoriser les quiproquos. S'y ajoutent une jouissance et un goût non dissimulés pour la polémique. Bien évidemment, quand il est possible de s'attaquer à une personne d'une certaine notoriété, c'est encore plus jubilatoire !

Constitution d'une certaine norme

De plus, la *cancel culture* pose les fondements d'une pensée unique (voire nulle) – une *norme* – en établissant des critères de bien ou mal.

Cette question de la fabrique d'une norme est majeure. Le mot est emprunté au latin *norma* qui désignait un instrument géométrique (équerre, règle) et qui était par image associé au sens moral de règle ; c'est ce dernier sens qui s'est conservé : règle ou loi à laquelle on doit se conformer – ou encore se soumettre – dans une société donnée. Mais son emploi est resté rare jusqu'au XIXe siècle où, sous l'influence de l'anglo-saxon *norm*, il s'est diffusé avec la signification plus large de « ce qui est conforme à la moyenne ou à la majorité des cas ». En ce sens, la norme devient en soi médiété, consensus, soumission volontaire.

En établissant les critères de la marche à suivre, la norme met tout le monde au pas, si bien que le lien entre « normal » et « moral » devient évident : elle fixe le critère de « normalité », c'est-à-dire de ce qui est acceptable, tolérable, admissible. Or, que ce soit dans les lignes éditoriales ou encore dans les lignes virtuelles, il existe bien un seuil de tolérance, d'acceptabilité collective. Cette nouvelle norme, Todd Rose, professeur à Harvard et fondateur du laboratoire de recherche sur la « science de l'individu », la définit comme « la tyrannie du moyennisme[9] ». Défenseur des principes d'individualité selon lesquels chacun est capable de changer son destin, héritier d'une sorte d'*ego-psychologie* qui ne fait que renforcer les illusions hyperindividualistes de toute-puissance[10] qui, aujourd'hui, il me semble, doivent être dénoncées et qui trouvent leurs limites, il décrit, à force d'exemples, « les modes de pensée unidimensionnels » et la dictature de la majorité.

Cependant, une norme n'est jamais clairement établie dans une société, elle est mouvante, en devenir constant, en perpétuelle évolution, en construction. Le paradoxe est que si elle est posée et qu'elle renvoie à la rectitude (au sens mathématique comme moral), elle n'en demeure pas moins insaisissable, instable. Et surtout, la norme est par essence une moyenne qui ne renvoie à aucune réalité[11]. Si bien que fonder une société sous les références de la norme est voué à l'échec en l'absence d'idéal.

De plus, un autre paradoxe concernant la norme est qu'aujourd'hui nous conformer à ce qui ressemble être une médiété est devenu un gage d'appréciation : pour être aimé (*like*), il faut être accepté. C'est-à-dire entrer dans le cadre d'attentes présupposées normatives : être jeune plutôt que vieux – si vieux, il faut rester jeune et en bonne santé ; actif et innovant, original ou comique. On retrouve en fait là les critères propres à la société hyperindividualiste valorisant la réussite et le succès. Plaire à cette communauté virtuelle ou réelle en s'efforçant désespérément entrer dans des normes abstraites et inaccessibles est un enjeu puissant qui, en cas d'échec (et, on l'aura compris, l'échec, et donc le rejet, est inévitable parce qu'on ne peut pas atteindre l'idéal normatif), engendre une culpabilité. Une culpabilité de contrainte qui se traduit en ces termes : si je ne plais pas, si je suis rejeté, c'est parce que je n'ai pas fait assez d'efforts pour m'intégrer, pour être admis, pour être accepté, donc je dois redoubler d'efforts sous peine de voir redoubler ma culpabilité. Cette logique qui pousse le sujet à tout faire pour entrer dans la norme est par essence une logique de soumission puisqu'en agissant ainsi, il renonce à défendre sa singularité. Une logique de soumission qui vise à anéantir toute forme d'unicité, de subjectivité dans le but d'asseoir la puissance du conformisme.

La norme établie maintient donc un critère consensuel, une sorte de « conformisme idéologique ». Celui-ci, plutôt que l'expression d'une prétendue *bonne pensée*, représente au contraire un non-lieu de la pensée, là où la pensée s'absente car devenue impossible, renvoyant à un idéal inaccessible, là où elle se soumet et, en se soumettant, disparaît.

Surtout, comme évoqué plus haut, le problème est que ceux qui dénoncent cette tyrannie de la norme et du conformisme idéologique, sont précisément ceux qui en font en même temps la promotion. En témoignent certains leaders ou médias assimilés à l'extrême droite qui dénoncent la pensée unique sur le refrain de la complainte populaire : « Aujourd'hui on ne peut plus rien dire. »

L'objectif est décelable : élargir la fenêtre d'Overton. Overton décrit ainsi la fenêtre (ou le champ) du « politiquement correct » – couvrant le spectre des idées acceptables par l'opinion publique. Il est évident que les médias et les réseaux sociaux, en tant qu'acteurs influents de l'opinion publique, agissent sur cette fenêtre. C'est aussi le cas des extrêmes dont le but, en jouant sur la « frange externe » de cette fenêtre, est de légitimer ou de rendre défendables des idées qui apparaissent de prime abord comme inadmissibles : d'où la dénonciation d'une pensée unique dans le but précisément de pouvoir *tout* dire – ou n'importe quoi – y compris de défendre des idées telles que le nazisme ou le racisme, ou encore de légitimer la violence par exemple.

Voilà qui nous amène à penser que la *cancel culture* est avant tout une idéologie qui sert les principes d'une dictature cachée, et ce, en utilisant l'*humiliation* – et donc la *culpabilisation* – comme arme de soumission massive. Et cela passe par un tribunal populiste qui impose sa légitimité par le biais de l'*indignation* tout en créant des situations de choix contraints.

L'autoflagellation numérique : les aveux de la culpabilité

L'expression de la culpabilité peut prendre différentes formes et donner lieu à de multiples réactions : l'autopunition ou l'autoflagellation en font partie. Une étude américaine parue en 2017[12] et publiée dans *The Journal of Adolescent Health* dénonce les effets de l'autoflagellation numérique – une sorte d'autotrollage – en vogue chez les adolescents[13]. Menée sur un échantillon de 5 593 jeunes âgés de 12 à 17 ans par Sameer Hinduja et Justin W. Patchin, elle révèle que « près de 6 % des adolescents ont déclaré avoir publié anonymement quelque chose de méchant en ligne à leur propos. Parmi eux, environ la moitié (51,3 %) a dit l'avoir fait une seule fois, un tiers (35,5 %) quelques fois, tandis que 13,2 % ont dit l'avoir fait de nombreuses fois ». Ce chiffre impressionnant touche un peu plus de garçons que de filles, mais si les garçons s'en amusent, en revanche cela s'accompagne chez les filles de davantage d'idées suicidaires[14].

Ce comportement peut s'interpréter de différentes manières : le besoin d'être vu, une recherche d'attention, un simple jeu… surtout il peut être aussi l'expression virtuelle et la mise en acte de la haine de soi et l'expression de symptômes dépressifs ou encore d'idées suicidaires. Il n'est donc pas à prendre à la légère. L'exemple emblématique de ce type d'autoculpabilisation fut le suicide de Hannah Smith en août 2013. La jeune fille de 13 ans se disait victime de cyberharcèlement sur le réseau social Ask.fm. Elle était la victime d'autres jeunes qui l'invitaient à se suicider, recevant nombre de messages cruels qui échappaient à la médiocre vigilance des services de modération de ce type de site[15]. Six mois après sa disparition, les enquêteurs révéleront que Hannah Smith s'envoyait elle-même ces messages en empruntant plusieurs identités. L'autoflagellation numérique se fait alors l'aveu de la culpabilité, de la culpabilité liée au seul fait d'exister, d'être soi. Quand il n'est pas possible de dire ou de raconter sa souffrance, que l'on a l'impression d'être muré dans une solitude qui se fait silence, il reste le monde virtuel. En cela, le monde virtuel devient le lieu de l'indicible, l'aveu de ce qu'il y a de plus intime en se donnant la possibilité de se cacher derrière plusieurs identités virtuelles. Le sujet se trouvant contraint au silence par l'incapacité de trouver une personne capable de l'écouter ou parce que la honte qu'il éprouve à son encontre est trop grande ou parce qu'il a peur, il se trouvera pris en étau entre le silence et sa souffrance, enfermé dans une tragique solitude. Écartelé entre le désir de dire et celui de ne plus souffrir, il vit une situation d'incertitude : « Que faire » ? Une situation de choix contraint où la seule possibilité d'en sortir reste la virtualité, comme un cri, une bouteille jetée dans la mer numérique. La plupart du temps, ce type de comportement traduit un déficit d'amour de soi (déficit narcissique) pouvant entraîner la mort. C'est une forme de culpabilité quasi pathologique qui se manifeste dans la virtualité et qui peut conduire à de véritables tragédies chez les adolescents.

Le tragique amoureux et la culpabilité de contrainte

Le choix cornélien

Des tragédies marquées par le sceau du choix contraint, la littérature en regorge : *Roméo et Juliette* ; *La Princesse de Clèves* ; *Le Rouge et le Noir*... Les grands tragédiens depuis l'Antiquité grecque jusqu'au XVIIe siècle, d'Euripide, Hésiode, Hérodote, Sophocle, à Racine ou à Corneille – dont le théâtre a inspiré la fameuse expression *le choix ou dilemme cornélien* – ont exprimé sous de multiples façons les tensions du choix contraint. Retenons les stances du *Cid*, monologue dans lequel Rodrigue décrit si bien ces vicissitudes, au cœur du dilemme amoureux où la raison (le devoir) l'emporte sur le cœur (l'amour) :

> Il faut venger un père, et perdre une maîtresse :
> L'un m'anime le cœur, l'autre retient mon bras.
> Réduit au triste choix ou de trahir ma flamme,
> Ou de vivre en infâme,
> Des deux côtés mon mal est infini.
> Ô Dieu, l'étrange peine !

Faut-il laisser un affront impuni ?
Faut-il punir le père de Chimène ?
Père, maîtresse, honneur, amour,
Noble et dure contrainte, aimable tyrannie,
Tous mes plaisirs sont morts, ou ma gloire ternie.
L'un me rend malheureux, l'autre indigne du jour.
Cher et cruel espoir d'une âme généreuse,
Mais ensemble amoureuse,
Digne ennemi de mon plus grand bonheur,
Fer qui cause ma peine,
M'es-tu donné pour venger mon honneur ?
M'es-tu donné pour perdre ma Chimène [1] ?

Entre, d'une part, l'amour pour sa maîtresse, Chimène, et d'autre part, la fidélité qu'il doit à son père offensé par le père de cette dernière – son cœur et sa raison –, Rodrigue évoque ce « triste choix » ou encore cette « dure contrainte » d'une décision impossible à prendre car, quelle qu'en soit l'issue, rien d'heureux ne pourra en sortir pour lui. Quel que soit son choix, il perdra une des deux personnes qu'il aime le plus. En de tels moments, la folie rôde. Basculer dans la folie est la conséquence inévitable de cette survie. C'est la folie ou la mort. Maintenant, tout de suite. La folie ou la mort, c'est la seule issue possible – non celle qui nous sauve du choix contraint, mais celle qui nous libère de la culpabilité. On bascule alors dans la *folie de l'homme*.

Au moment du choix, Sophie, elle aussi, est sur le point de basculer dans la folie. Mais ce n'est que plus tard que *ça* va céder : au moment où elle cherchera par tous les moyens à revoir son fils Jan, qu'elle aura tout accepté de ce nazi

Höss qui avait fini par lui promettre un rendez-vous dans son bureau, et qu'elle découvre que finalement son fils n'est pas là. Elle ne peut y croire, elle le cherche partout, sous le bureau, elle l'appelle, dans tous les coins. Mais sa raison comprend qu'il n'est pas là, et qu'elle ne le reverra pas. Alors *ça* cède, comme un point de rupture, un point de bascule, une couture qui craque, un point sur la limite. Alors sa raison s'effondre, il n'y a plus rien qui la retient.

> Et alors j'ai perdu la tête. Je suis devenue folle. Folle ! Je ne me rappelle rien de ce que j'ai fait – en quelques instants tout est devenu noir – sauf que je suis sûre d'avoir fait deux choses. Je l'ai *attaqué*. Je l'ai attaqué avec mes mains. Ça, je le sais, parce que quand le voile noir a disparu et que je me suis retrouvée assise dans la chaise où il m'avait poussée, j'ai levé les yeux et vu sur sa joue l'endroit où mes ongles l'avaient griffé. […] L'autre chose dont je me souviens, c'est l'écho dans mes oreilles, le son de ma propre voix une minute plus tôt quand je lui hurlais des injures : « Eh bien, envoyez-moi à la chambre à gaz ! » Je me souviens que je lui criais ça. « Envoyez-moi à la chambre à gaz comme vous avez envoyé ma petite fille[2]. »

Sophie ne peut plus se retenir, elle est *hors* d'elle. Ce qu'elle décrit, c'est la *rage* de Clothilde, la *force* de Gilda dans « L'œuf » de Buzzati, la *gifle* reçue pour un bifteck pas cuit sur Christine V. dans l'article de Marguerite Duras. C'est la *furor* de Médée après avoir été quittée par Jason, l'homme pour l'amour duquel elle a tué et dépecé son frère, trahi son père et sa patrie. Une folie si grande qu'elle dépasse l'humanité. Que reste-t-il d'humain à ce moment-là ? Qu'est-ce qu'*être humain* en de telles circonstances ?

De tels cas nous placent en présence de situations de survie psychique et morale équivalentes aux situations de survie physique. Le choix contraint nous convie à cette expérience ultime qu'est la rencontre charnelle, vivante, matérielle, avec ce qu'il y a de plus humain en nous et les limites de cette humanité, territoire inexploré dont on connaît si mal la géographie, là où la frontière avec la bestialité est ténue, là où s'effondre le sujet moral. Il nous pousse aux abords, aux limbes, sur les franges de la vie. En ce sens, il oscille inlassablement entre la raison et la folie. Et c'est dans cet interstice infime entre raison et folie que se trouve une lumière de vérité, flanquée d'une certitude : une vérité qui nous montre dans une grande clarté comment on doit agir. Cette sorte de vérité absolue, au-delà de toute « morale », comme le dit si bien Marguerite Duras[3], au-delà de tout jugement, au-delà de tout argument, c'est le *principe de vie.*

L'amour narcissique : la honte d'être soi

S'il est un terme terriblement à la mode actuellement, c'est bien celui de « narcissisme ». Une personne narcissique désigne, dans le langage contemporain courant, celle qui ne parle que d'elle (autocentrée ou égotique), qui ne pense qu'à elle (égoïste), et plus largement qui passe son temps à exhiber sa vie et des photos d'elle sur les réseaux sociaux. On a même accusé le selfie d'être le pur produit d'une société de

Narcisse. Et les livres visant à dénoncer cette « narcissisation de la société » ne manquent pas[4]. Cependant, il y a là une confusion qu'il semble important de dénoncer.

Si la société contemporaine semble mettre tous les ego en avant, cela témoigne au contraire moins d'un problème narcissique que de failles narcissiques. Rappelons que Freud, qui n'est pas l'inventeur du concept mais qui a été le premier à l'explorer, distingue le narcissisme primordial ou primaire, dont il fait un stade auto-érotique normal de développement chez le nouveau-né humain, un état précoce de la libido tournée vers le moi, et un narcissisme secondaire qui reste fixé sur le moi plutôt que de se tourner vers des objets extérieurs. La notion est en étroite relation avec l'estime de soi :

> Les relations du sentiment d'estime de soi avec l'érotisme (c'est-à-dire avec les investissements libidinaux d'objet) se laissent exprimer dans les formules suivantes. Il faut distinguer deux cas, selon que les investissements d'amour sont conformes au moi ou au contraire ont subi un refoulement. Dans le premier cas (utilisation conforme au moi de la libido) aimer est valorisé comme toute autre activité du moi. Aimer, en soi, comme désir ardent et privation, abaisse le sentiment d'estime de soi ; être aimé, aimé de retour, posséder l'objet aimé relève ce sentiment[5].

L'estime de soi dépend du regard (d'amour) que nos parents portent sur nous dès l'enfance. Si ce regard n'est pas suffisant ou à la hauteur de nos attentes, nous pouvons grandir dans le manque, et ce manque s'appelle *manque de confiance en soi*. Ce déficit se traduit par des complexes (physiques et/ou intellectuels) et par la peur de ne jamais réussir et d'être rejeté par ceux à qui on veut plaire (les parents ou leurs substituts). Une personne qui manque de confiance en elle a le sentiment qu'elle ne vaut pas grand-chose ou qu'elle ne vaut rien. Elle est *complexée*, c'est-à-dire qu'elle génère un complexe (nécessairement d'infériorité pour plagier Alfred Adler[6]), autrement dit, elle se sent inférieure et donc responsable du rejet qu'elle peut inspirer. Une telle personne présente donc bien un problème narcissique qui l'empêche d'avancer dans la vie et qui inhibe nombre de ses comportements. Elle s'autocensure avant de s'autoriser. Et la problématique narcissique en question est celle d'une « faille narcissique », d'un « déficit narcissique ». Une telle personne cherchera autour d'elle, notamment dans le regard des autres, à être rassurée sur sa valeur, sur ce qu'elle vaut, attendant désespérément de trouver dans le jugement d'autrui une autre valeur que celle dont elle est convaincue ; espérant retrouver dans le regard des *autres*, celui, originel, de ses parents, qui lui aura tant manqué. Seulement voilà, l'opération est biaisée d'avance : les autres ne seront jamais les parents originels, seuls capables de rassurer l'enfant perdu à jamais dans ses doutes et ses failles. Et comme l'inconscient (et le trauma) est répétition, la demande de nouveaux regards, porteuse d'espoir, est inassouvissable, malgré l'incapacité à combler l'incomplétude originelle.

Or, en transposant cette situation qui est commune à l'heure des réseaux sociaux, là où le regard de l'autre est convocable à merci, là où précisément il y a toujours quelqu'un pour apprécier ou non, on comprend mieux pourquoi certaines personnes ne cessent de poster des photos d'elles : complexées, elles cherchent désespérément à se rassurer sur leur image en espérant qu'un regard ami aimera (*like*) jusqu'à « adorer » ce qu'elles sont. Bien évidemment, rien ne parviendra à combler cette demande, qui du coup se répète sans fin. Si bien que ce que ces personnes présentent, c'est un déficit narcissique plus que l'expression d'un narcissisme affirmé et assumé.

Et c'est précisément dans le creuset de ce complexe constitutif, un complexe qui colle à la peau, que se niche la possibilité de la culpabilité de contrainte. Lorsque vous dites à quelqu'un qui manque de confiance en lui qu'il ne vaut rien, il ne demande pas mieux que de vous croire, étant déjà convaincu de sa faible valeur (dans le syndrome de l'imposteur par exemple). S'inscrit alors sur son visage le sentiment d'une culpabilité originelle qui rappelle que, s'il n'a pas été aimé de ses parents, c'est parce qu'il ne valait déjà rien. Il se sent coupable d'être qui il est. En dosant savamment valorisations et humiliations (plaçant ainsi le sujet en situation d'aliénation, de soumission), qui viennent s'inscrire au cœur du complexe, tantôt pour l'accroître, tantôt pour le diminuer, il devient alors possible de le manipuler parfaitement, en jouant sur sa culpabilité.

La multiplication des regards produits par les réseaux sociaux a souvent accentué nos complexes au lieu de les apaiser, car le besoin de réassurance s'est multiplié au gré des possibilités de la technique. C'est ainsi que les regards-juges fabriquent une société de complexés et de coupables et non une société de Narcisse. Cela s'applique à l'échelle individuelle, mais aussi au niveau collectif. Freud conclut

Pour introduire le narcissisme par la formule suivante : « La conscience de culpabilité était originellement l'angoisse d'être châtié par les parents, ou, plus exactement, de perdre une partie de leur amour ; aux parents est venue plus tard se substituer la masse indéterminée de nos compagnons[7]. » À l'échelle d'une société, ces mécanismes sont toujours à l'œuvre : une foule complexée qui cherche à plaire par la quête du consensus, coûte que coûte.

Le ghosting

Imaginez une histoire d'amour tout à fait banale, pur produit de la société contemporaine, entre une femme, Salomé, et un homme, Henri. Tous les deux ont la trentaine et sont sans enfants. Ils vivent dans une métropole, ils ont de bons métiers, et une vie sociale animée. Ils n'habitent pas ensemble mais se voient très régulièrement. Cela fait bientôt un an qu'ils se fréquentent, passant la nuit tantôt chez l'un, tantôt chez l'autre.

Ce matin-là, comme tous les matins, Henri part au travail. Il embrasse Salomé et lui souhaite une bonne journée. Mais ce jour-là Salomé ne reçoit aucun SMS d'Henri sur son téléphone, aucun message ni sur Messenger ni sur WhatsApp, contrairement à d'habitude. Comme toute cette génération, ils sont constamment connectés l'un à l'autre et partagent leurs mouvements d'humeur, leurs soucis, leurs contrariétés ou encore leurs joies dans l'instant où ils les éprouvent grâce à l'immédiateté que permet la technologie des smartphones. Ce jour-là, Salomé ne reçoit rien. Elle se dit qu'Henri a une grosse journée, elle aussi d'ailleurs, elle ne s'inquiète pas. Elle reste concentrée sur son travail. En rentrant le soir, elle passe chez le traiteur chinois, prenant ce qu'Henri aime le mieux pour le dîner, même s'il n'a pas répondu à son dernier message lorsqu'elle lui a suggéré ce type de repas. Il est déjà 20 h 30 et toujours pas de nouvelles. Les messages qu'elle lui a envoyés sont restés sans réponse. Elle constate que son WhatsApp ne marque plus les accusés de réception. Sur Messenger non plus. Elle cherche à l'appeler. Elle l'appelle compulsivement, dix fois en dix minutes, mais tombe systématiquement sur sa messagerie. Elle tente de le joindre au travail mais personne ne répond. Elle cherche à contacter les amis qu'ils ont en commun, mais personne ne sait où il est. Il est presque 22 h 30. Elle n'a toujours aucune nouvelle. Elle s'affole, appelle les hôpitaux, les commissariats. Personne ne sait où est Henri. Elle s'endort pétrie d'inquiétude, convaincue qu'il lui est arrivé un accident.

Le lendemain, son enquête se poursuit. Son téléphone ne répond toujours pas. Elle s'aperçoit alors qu'il l'a bloquée sur Facebook comme sur Twitter de même que sur WhatsApp, leurs principaux canaux de communication. Salomé n'aura plus jamais de nouvelles d'Henri : il l'a « ghostée ».

On peut imaginer une variante dans le monde professionnel : vous êtes en cours de recrutement pour un poste que vous convoitez depuis longtemps. Vous avez déjà franchi deux niveaux d'entretiens ; il vous en reste un dernier pour avoir le poste. L'organisation doit vous transmettre la date de cet entretien final. Pour cette candidature, vous avez mis toutes les chances de votre côté : vous vous préparez depuis des semaines ; vous avez même engagé un *coach* pour avoir une bonne présentation. Toute votre vie est en suspens. Vous n'avez plus qu'à attendre l'e-mail qui vous donnera la date de ce fameux rendez-vous final. Vous attendez. Les jours passent. Vous vérifiez sans cesse vos spams. Vous finissez par écrire, suspectant une erreur dans les mails. Pas de réponse. Vous attendez. De plus en plus inquiet, vous contactez l'organisation, cherchant à joindre l'une des deux personnes que vous avez rencontrées lors des entretiens précédents. Mais elles ne sont jamais disponibles. Vous n'aurez plus jamais de nouvelles. Vous avez été « ghosté ».

Être « ghosté » signifie littéralement être *fantômisé*, c'est-à-dire que d'un instant à l'autre vous n'existez plus. Vous n'aurez plus de nouvelles de la personne avec laquelle vous étiez en lien. Cette capacité à rompre tout lien d'un instant à l'autre est rendue possible par la technologie. En effet, une partie des relations que l'on entretient avec les gens se fait uniquement par le biais de la virtualité. Vous perdez votre portable, vous n'avez plus la possibilité de joindre une grande quantité de vos contacts.

Or, que ce soit pour Salomé ou dans le cas de la vie professionnelle, le *ghosting* entraîne une culpabilité immédiate car il n'y a absolument aucune explication. La personne « ghostée » se pose une quantité de questions qui resteront sans réponse : qu'est-ce que j'ai fait pour le faire fuir ainsi ? que n'ai-je pas fait ? qu'est-ce que j'ai dit ? qu'est-ce que j'aurais dû dire ? Convaincue que son comportement est à l'origine de la fuite de l'autre… c'est *sa faute – mea culpa mea maxima culpa* – si l'autre ne donne plus aucune nouvelle. Et comme elle ne comprend absolument pas ce qui a pu se passer, elle revisite dans sa tête tous les moments de la relation, espérant trouver une explication.

D'explication, il n'y en a pas. Il faudra du temps à la personne « ghostée » pour comprendre qu'elle n'est pas responsable de ce qui s'est passé, mais qu'au contraire elle est la victime d'un comportement odieux, d'une lâcheté terrible, d'une forme de réification. Sans explication, la culpabilité est inéluctable. Il n'y a aucun moyen d'agir. La seule possibilité pour s'en sortir est de faire un travail qui, avec le temps, permettra de dépasser ce type d'agissement... ou peut-être d'interroger la véritable responsabilité qui a conduit à cette situation ?

La société contemporaine génère ainsi de nombreux champs de culpabilisation.

Les injonctions de bonne santé : corps et esprit

Un autre de ces champs concerne les injonctions de « bonne santé », tant physique que psychique. L'OMS définit la santé comme « un état de complet bien-être physique, mental et social et [qui] ne consiste pas seulement en une absence de maladie ou d'infirmité[1] ». Ce qui signifie que la santé passe par une quête de bien-être mental et social – et pas seulement physique. L'article L.1111-1 du Code de santé publique est sans équivoque : « Les droits reconnus aux usagers s'accompagnent des responsabilités de nature à garantir la pérennité du système de santé et des principes sur lesquels il repose[2]. »

Responsabilité et responsabilisation semblent ici étroitement liées. Pour autant, comme le remarque Anne Laude, professeur de droit, l'idée de responsabilité juridique se définit comme « l'obligation de répondre d'un dommage devant la justice et d'en assumer les conséquences civiles, pénales, disciplinaires[3] », la notion de responsabilisation fait, elle, référence à un concept moralisateur et « désigne habituellement l'action de rendre quelqu'un responsable, voire de lui donner le sens des responsabilités [...] responsabiliser une personne, c'est lui faire prendre conscience de la nécessité d'utiliser les droits qui lui sont accordés avec discernement, autrement dit sans abus[4] ». En ce sens, le patient a des devoirs et une responsabilité morale à l'égard de sa bonne santé.

Cela renvoie à ce qu'on appelle « l'éducation à la santé[5] ». Nous devenons responsables de notre bonne santé physique (*aponie* – absence de douleur) et psychique (*ataraxie* – absence de trouble dans l'âme). Suivant cette logique, si nous tombons malades – physiquement ou psychiquement – ou si nous ne sommes pas dans un état de « complet bien-être », ce serait en grande partie notre *faute*. Et si nous allons mal, c'est que forcément nous avons fait une erreur, et nous en payons les conséquences.

Cette responsabilisation vis-à-vis de notre corps et de notre mental nous condamne à la culpabilité puisqu'il est impossible de ne pas tomber malade au cours d'une vie. Sans parler des affects négatifs (la tristesse, l'inquiétude, l'angoisse, la peur, le vague à l'âme…), qui constituent des données importantes du sujet humain.

Aponie obligatoire

Avoir une bonne santé est devenu un enjeu majeur de notre société contemporaine : nous devons afficher un corps jeune, en bonne forme car il est une marque extérieure de réussite sociale. À l'inverse, être suspecté d'un certain laisser-aller laisse penser que l'on est dépassé, que l'on n'arrive pas à « gérer » sa vie.

« Nous sommes quotidiennement soumis à des recommandations concernant notre santé, explique Gérard Reach, professeur d'endocrinologie : pensons à ces sous-titres des publicités à la télévision, pour tout ce qui se mange ou ce qui se boit, nous enjoignant d'éviter de grignoter entre les repas ou de manger trop de sucré ou de salé, de bouger un peu plus (au moins trente minutes par jour d'un pas vif), pensons aux avertissements sur les méfaits du tabac que l'on peut lire sur les paquets de cigarettes, aux conseils concernant l'alcool au volant ou la ceinture de sécurité. Et lorsqu'on est malade, il nous est recommandé de suivre les recommandations du médecin, de ne pas dépasser la dose prescrite. Récemment, une affiche placardée sur des panneaux publicitaires, concernant une maladie chronique et réalisée sûrement avec les meilleures intentions par l'association de patients qui en sont atteints, rappelait, à côté de l'image de quelqu'un censé représenter un patient, les graves complications à long terme de cette maladie qui le guettent et s'adressait à lui de la manière suivante : "Tu n'as pas choisi [d'avoir la maladie en question], tu as le choix d'éviter ses complications"[6]. »

On voit là combien le facteur de responsabilisation est important quant à notre « bonne » santé dans notre société occidentale. Nous avons le devoir de « prévenir » la potentialité de la maladie et à ce sujet la société est particulièrement répressive. Prenons un exemple : l'augmentation du prix du paquet de cigarettes et les visuels publiés sur les paquets avec les slogans du type « Fumer tue » ou encore « Fumer provoque le cancer de la bouche » avec une photo atroce. Autre exemple, très similaire : celui des conduites à risque sur la route. De nombreuses campagnes publicitaires de prévention de la sécurité routière montrent dans des spots télévisés une personne se crasher violemment, et l'image suivante est celle d'une famille en deuil. L'idée est de provoquer un « choc » visuel assez fort pour que la culpabilité empêche, le moment venu, la personne (ou les témoins) de prendre le volant en cas d'ébriété. La culpabilité s'impose alors : en prenant le volant si je suis fatigué ou si j'ai bu, je peux être responsable d'un drame. Je n'ai pas d'autre choix que d'agir de façon adéquate sous peine de culpabiliser. Je n'ai pas même besoin de réfléchir aux comportements à adopter, je n'ai qu'à écouter les spots télévisés.

Ajoutons qu'à la fin de l'année 2020 la stratégie de communication de la sécurité routière a viré de bord : ce n'est plus la mort qui est filmée, mais la vie avec une idée phare : « On a tous le pouvoir de sauver une vie. » Cette idée de « Vivre ensemble » vient se substituer au slogan établi depuis 2008 selon lequel on est « Tous responsables ». Une stratégie qui s'appuie sur la culpabilisation liée à la crise de la Covid-19 où il s'agit de prendre soin de chacun et de tous. Toutefois, l'idée reste la même : on culpabilise les gens soit de mourir et de causer un drame, soit de ne pas aider les autres. C'est une « communication-solution », accessible à tous, où chacun a un pouvoir de vie (et non plus seulement de mort) sur autrui.

On retrouve de telles pratiques dans de nombreux pays européens : le Danemark impose une taxe sur les matières grasses ; certains médicaments ne sont pas couverts en Hongrie ; des projets de malus dans l'assurance maladie sont à l'étude en cas d'entorse à de « sains comportements »... On peut aussi noter, à titre anecdotique, que dans les versions récentes de l'iPhone, le volume des écouteurs se baisse automatiquement quand il est trop fort pour l'audition. De même, une alerte nous est envoyée au sujet de notre sommeil ou de notre activité physique quand le programme estime que nous sommes « en danger ».

Publicité, discours dans le domaine de la santé publique, injonctions et parfois menaces viennent ainsi ancrer en nous les « bonnes pratiques ». Notre santé est sous surveillance, et surtout nous sommes soumis à un jugement permanent quant à sa gestion. Ceci est bien ressenti comme une intrusion dans notre vie privée, mais qui pourrait s'y opposer puisque tout cela est effectivement pour notre *bien* ? Peut-on reprocher à un gouvernement de tout faire pour limiter le nombre de morts sur les routes ou les risques de cancers ? Peut-on reprocher aux concepteurs d'une nouvelle technologie de nous prévenir quand nous jouons avec notre santé et que c'est dangereux pour nous ? Certes... mais avons-nous encore le choix ?

Une bienveillance perverse

Cette politique de la culpabilisation, qui rappelle que si je tombe malade c'est ma faute (par exemple, si j'ai un cancer c'est parce que j'ai fumé ou parce que je ne mange pas sainement ou parce que je ne fais pas de sport ou parce que je suis trop stressé(e)...) a en fait un double enjeu : bien évidemment le premier est que les gens restent en bonne santé, mais il s'agit aussi de réduire le coût financier du budget de la santé.

À force de discours et de répétitions, il est clair que nous finissons par nous soumettre volontairement, car qui voudrait mettre en danger sa santé ? Qui voudrait avoir un cancer ? Qui voudrait avoir des problèmes cardiaques ? Nous sommes ainsi placés dans des situations de choix contraints sans que nous en ayons vraiment conscience : tout se joue sur la culpabilité qui leur est associée.

Tout semble donc parfait dans le meilleur des mondes possibles, mais il y a tout de même quelque chose d'insoutenable dans ce fonctionnement, qui évoque une problématique éthique bien connue en médecine : *les enjeux pervers de la bienveillance.*

La bienveillance, dont l'étymologie latine rappelle qu'elle *veut le bien – bene volens* –, pose en effet question : vouloir le bien pour quelqu'un de la place où je suis, ce n'est pas forcément le bien réel que la personne veut pour elle-même. Sans oublier que ce bien que je veux pour l'autre ne m'engage pas à grand-chose, il en reste au stade de l'intention. Cependant, puisque je suis *bienveillant* et que donc je veux le *bien*, je n'ai aucun problème de conscience et je n'ai rien à me reprocher… En ce sens, Aristote dénonce la bienveillance qui repose sur le seul stade de l'intention et qu'il qualifie d'« amitié fainéante[7] », car elle ne m'oblige à rien dans la relation. Il lui préfère la *bienfaisance* qui, quant à elle, m'engage vis-à-vis d'autrui par l'action.

Mais la bienveillance peut en outre se faire perverse, quand, précisément, convaincus que nous pouvons apporter du bien à autrui, nous ne lui demandons pas son avis ni son consentement. En ce sens, sous prétexte de faire du *bien*, on peut faire beaucoup de mal – à commencer par nier l'existence de l'autre comme sujet, à nier son libre arbitre. L'éducation de nos enfants en offre maints exemples : nous sommes persuadés du bien qui leur convient, un bien que nous leur imposons bien souvent sans leur demander leur consentement, sans même savoir s'ils ont compris la manière dont on agit. En grandissant, l'enfant commencera par dire « non » de telle sorte qu'il imposera sa parole et, au cœur de cette parole d'opposition, il cherchera à exister comme sujet et non comme objet dans nos mains, dans nos discours.

Cette question en médecine a été (relativement) réglée depuis la loi du 29 juillet 1994 en ce qui concerne l'adhésion à un protocole de soins (quand par exemple un médecin voit très précisément comment sauver ou soulager quelqu'un, mais que cette personne n'est pas d'accord pour des raisons qui lui sont propres, de croyances ou de conviction) : on parle désormais de « libre consentement éclairé[8] ». Avant tout soin, le patient doit être « clairement » informé du protocole de soins et doit « librement » y consentir[9]. Les effets pervers de la bienveillance dans le champ de la médecine se trouvent donc limités.

Mais les discours technologiques, politiques et médiatiques s'appuient, eux aussi, sur la *bienveillance* et veulent, eux aussi, notre *bien*, sans jamais, pour autant, que nous soyons interrogés sur le sens très personnel et intime de ce que peut bien valoir ce *bien*. Le bien de l'un n'est pas forcément le bien de l'autre, comme on l'a dit. Et, dans un tel contexte, le sujet n'existe plus. On l'affuble d'une responsabilité illusoire qui le désubjectivise, qui le rend objet du discours de l'autre, qui le réifie ; et non d'une *responsabilité juste* issue de son libre arbitre, qui serait l'expression de son *autonomie.*

Ajoutons que le système d'éducation à la bonne santé par la culpabilisation, qui passe par la menace de la mort ou la menace de ne pas préserver la vie, ne fonctionne pas vraiment : le raisonnement s'en trouve biaisé. En effet, des gens continuent à fumer, d'autres à conduire en état d'ébriété, d'autre encore écoutent de la musique à fond sur leur iPhone, malgré la mise en garde algorithmique. Comme le rappelle Samia Hurst, bioéthicienne, dans une conférence donnée à l'université de Genève en 2014 : « Ces propositions commettent cela dit trois sortes d'erreur : face à la santé nous ne sommes en fait pas entièrement responsables ; même si nous l'étions, nous ne serions pas seuls responsables ; et même si nous étions seuls responsables, il serait erroné d'en conclure que la limitation des soins ou de la couverture d'assurance s'en trouverait justifiée[10]. »

De telles approches vis-à-vis de notre santé s'inscrivent bien sûr dans le cadre de cette société du bien-être déjà dénoncée par les postmodernes et les hypermodernes, où l'individu, responsable et capable de tout, est au centre du monde : un individu tout-puissant dont l'enjeu est la réalisation de son propre bonheur. Où le bonheur passe inévitablement par la bonne santé. Et où la bonne santé physique passe aussi par l'image et s'affiche sous la forme de corps sains, jeunes ou au moins toujours agréables à regarder (à grand renfort sur les images de filtres et autres jeux de lumière).

La bonne santé de l'esprit (ataraxie)

Si l'OMS définit la bonne santé comme un « état de complet bien-être physique », elle précise aussi « mental et social ». Cela signifie que nous devons non seulement viser l'aponie mais la sérénité mentale – quant au bien-être social : de quoi s'agit-il ?

Tous les amateurs de séries se souviennent de l'épisode 1 de *Nosedive* (*Chute libre*), de la troisième saison *Black Mirror*, diffusé pour la première fois le 21 octobre 2016 sur Netflix. Cette série dystopique navigue en permanence entre le réel et le virtuel. Dans cet épisode fort, la société est régie par des notes que l'on donne à tous et à tout moment (société de l'évaluation permanente, dans une ubérisation extrême) : en allant chercher un café, on note l'employé qui sert ; dans l'ascenseur, on note le sourire du collègue de travail sur les réseaux sociaux, on note le post qui saura faire le buzz. Lacie, une jeune trentenaire qui évolue dans ce contexte, veut obtenir l'appartement de ses rêves, mais pour que son prêt lui soit accordé, il lui faut améliorer sa note sociale. C'est alors que son amie d'enfance, qui a une note sociale élevée, l'invite à son mariage et lui propose d'être sa demoiselle d'honneur. L'occasion rêvée d'améliorer sa propre note. Mais rien ne va se dérouler comme prévu. Un concours de circonstances fâcheuses va la mettre en retard au mariage, ce qui va lui faire perdre son sang-froid : elle se met alors à insulter des personnes et plus elle sort de ses gonds, plus sa note baisse. Car dans cette société très policée, tout être doit se contrôler, maîtriser ses affects. Rien ne doit déborder, la pulsion n'a pas lieu de cité. L'épisode se termine sur une décompensation de Lacie en plein mariage, où elle menace l'assemblée avec un couteau. Elle est arrêtée et conduite en cellule. Elle y rencontre un homme, dans la même situation qu'elle. Tous les deux échappent alors à la servitude de la note : ils s'embarquent dans un dialogue d'insultes libératoires, salvateur pour Lacie.

Une société policée et d'évaluation permanente pour s'assurer qu'aucun affect, qu'aucun débordement affectif ne viendrait déranger le *bien vivre-ensemble* et l'harmonie d'une société tranquille… Sans humeur, il devient tellement plus simple de gérer une société. Une utopie… ou une dystopie. Pour autant, là où on éprouve un vertige, c'est quand on apprend que la Chine travaille depuis 2014 à un projet d'attribution d'une note sociale à ses citoyens[11], un système de « crédit social » qui serait assorti de récompenses et de pénalités. Le but de ce contrôle est de limiter les incivilités en sanctionnant les personnes qui « se comportent mal » – fumer en public, passer trop de temps sur les jeux vidéo ou fréquenter des personnes soupçonnées d'être des opposants au régime pourrait par exemple leur interdire de prendre le train ou l'avion si leur note est trop basse. Au contraire, les personnes capables de valoriser le système chinois sur les réseaux sociaux par exemple verraient leur note croître et pourraient avoir plus de facilités à obtenir des crédits.

Ce type d'entreprise, qui n'est rendue possible que par une surveillance accrue (dans la rue comme en ligne), ne peut que faire penser à un *Big Brother* bien réel, à la société répressive de Foucault évoquée par le panoptique de Bentham[12], et à la *cancel culture* : dans une telle société, le moindre écart de comportement – terriblement humain – vous expose à être désocialisé, puni, banni. Une telle société de la surveillance et de l'évaluation permanente est plus que jamais rendue possible par la technologie (de l'effervescence du numérique en passant par le déploiement de l'intelligence artificielle). Elle nourrit la culpabilité en punissant les personnes qui ne se comporteraient pas comme il faudrait.

Est-ce le prix à payer pour le bien-être social préconisé par l'OMS ?

Les devoirs du patient

Nous avons le devoir de nous « prendre en soins » pour notre bonne santé physique, comme nous l'avons vu, mais le même devoir existe concernant notre bonne santé psychique. À titre d'exemple, nous pouvons évoquer la loi du 5 juillet 2011 relative aux droits et à la protection des personnes faisant l'objet de soins psychiatriques et concernant notamment la question de l'hospitalisation sans consentement. En voici la synthèse publiée sur le site Vie-publique :

> [...] La notion « d'hospitalisation sans consentement » est dans le nouveau texte remplacée par celle de « soins sans consentement », ouvrant ainsi la possibilité de procéder aussi bien à l'hospitalisation du patient considéré comme incapable de donner son consentement qu'à sa prise en charge en soins ambulatoires, y compris par des « psychiatres de ville ». Le choix entre les deux modalités de prise en charge doit être fait, sur avis médical, après une période d'observation en hospitali-

sation complète d'une durée maximum de 72 heures. L'exigence d'un deuxième certificat médical, qui existait en cas d'hospitalisation à la demande d'un tiers, est ainsi supprimée pour autoriser l'entrée dans le dispositif de soins sans consentement. Le préfet peut ordonner une hospitalisation d'office, même en l'absence d'un certificat médical la jugeant nécessaire, mais cette mesure doit être levée si un second certificat médical établi dans les 24 heures suivantes l'exige.

Une possibilité est ouverte de faire entrer dans le dispositif de soins sans consentement des personnes qui ne constituent pas un trouble grave à l'ordre public mais pour lesquelles des soins immédiats sont rendus nécessaires par l'évidence d'un « péril imminent », sans que des tiers concernés soient présents pour formuler la demande.

Une procédure de suivi des soins ambulatoires doit être mise en place pour veiller à la continuité des soins et assurer la surveillance de patients pouvant être dangereux pour autrui ou pour eux-mêmes. [...]

Le texte prévoit également un renforcement de l'information des patients sur leurs droits et les raisons des soins qui leur sont imposés ainsi qu'une extension de leurs possibilités d'exprimer un avis sur les mesures les concernant[13].

Cette loi, qui nous paraît extrêmement critiquable[14], est, comme le commente le juriste Mathias Couturier, professeur de droit à l'université de Normandie, assez significative de la manière dont la société contemporaine envisage la pathologie mentale. Il précise :

« La loi du 5 juillet 2011 est porteuse de significations lourdes. [...] [Elle] constitue, en réalité, l'aboutissement de réflexions élaborées, depuis le début des années 2000, par les divers travaux d'évaluation de la loi de 1990 [qui] "ont tous conclu à la nécessité de réformer cette loi compte tenu des difficultés constatées dans l'accès aux soins psychiatriques [...]. Le premier objectif de la réforme consiste à lever les obstacles à l'accès aux soins et à garantir leur continuité".

Il ressort alors de la loi du 5 juillet 2011 que la psychiatrie française s'organisera à présent autour d'une logique paradoxale mais délibérée : mieux faire entrer les malades à l'hôpital pour mieux les en faire sortir. En vue d'accomplir cet objectif, ce texte tend à élargir l'accès aux soins psychiatriques sans consentement et à développer leur mise en œuvre hors des murs de l'hôpital. Pour cela, il a opéré deux évolutions essentielles. D'une part, certains cas d'admission en soins ont été modifiés dans le sens d'une facilitation de leur déclenchement. D'autre part, tout en pérennisant l'hypothèse de l'hospitalisation à plein temps, ce texte introduit la possibilité de prendre en charge d'emblée le malade sous d'autres formes : soins ambulatoires, hospitalisation partielle, etc.[15] »

Ce faisant, comme le note Mathias Couturier, la loi nouvelle se révèle ambiguë. Le traitement de la maladie mentale apparaît moins contraignant pour le malade et donc *a priori* plus respectueux de sa personne ; cependant : « [...] ce texte, tout en ouvrant de nouveaux droits aux personnes, voire en posant certaines garanties visant à assurer leur respect, s'inscrit dans une dynamique de renforcement tendanciel des devoirs du malade qui trahit l'essence des modes de l'action publique contemporaine[16]. »

Cette loi cherche à défendre un « accès aux soins » sans consentement pour les patients atteints de troubles mentaux. Mais, paradoxalement, pourquoi faciliter un « accès aux soins » qui suppose une adhésion, un consentement, une volonté, un libre arbitre alors que, précisément, ces soins sont sans consentement ? Le juriste nous donne son interprétation : « L'intérêt de ce paradoxe est néanmoins que sa réduction permet de révéler sa logique sous-jacente : il faut, selon nous, y voir l'émergence d'une injonction de prendre soin de sa santé aboutissant à ce que, si l'individu a certes un droit d'être soigné, l'outillage juridique tend à développer les cas dans lesquels il a pour devoir de se soigner[17]. »

Ce devoir de se soigner laisse entrevoir une société de plus en plus policée, normée, où il y a de moins en moins de place pour l'expression d'une différence, dût-elle être celle de la pathologie mentale. Ainsi, « il nous semble, dans ce contexte, que la loi du 5 juillet 2011 s'inscrit au sein d'une évolution plus générale ayant abouti à déplacer le centre d'intérêt de la médecine, celui-ci étant passé de la maladie à la santé et à l'individu institué comme acteur principal de sa préservation. On notera, à titre d'indice, la quasi-disparition, dans le nouveau texte, de la notion de “malade mental”, remplacée en presque chaque occurrence par celle de “personne faisant l'objet des soins”. Ce changement révèle peut-être la mutation des représentations à l'œuvre[18] ».

Ce qui revient à dire que la personne qui décompense pour une raison ou une autre (comme Lacie, à la fin de l'épisode de *Black Mirror*) est responsable de son état et donc coupable de perturber l'équilibre social ambiant. En ce sens, « la santé se conçoit donc, de manière positive, comme une forme d'homéostasie et d'ataraxie qui dépasse le simple état exempt de pathologies. En cela, elle ne concerne plus seulement l'action du médecin mais aussi celle du patient lui-même qui doit se mobiliser pour s'efforcer de l'atteindre. Il s'agit donc, en renvoyant les personnes à leur liberté, de les inciter à se gérer afin d'exercer un plus grand contrôle sur leur propre santé et de faire des choix favorables à celle-ci. On entrevoit alors la naissance, en droit, d'un véritable devoir de se soigner qui émerge d'ailleurs de plus en plus clairement en matière de santé mentale[19] ».

La vision des troubles mentaux que révèle la loi du 5 juillet 2011 et la place de moins en moins visible qu'on leur accorde dans la société sont révélatrices de cette responsabilisation sous couvert de culpabilité. « Le passage à la psychiatrie de secteur, dont l'objectif était de s'affranchir de la prédominance de l'institution asilaire et d'irriguer la société à l'aide de méthodes d'intervention nouvelles, a [...] marqué la fin de la psychiatrie disciplinaire longuement décrite et analysée par Michel Foucault. Toutefois, l'introduction par la loi du 5 juillet 2011 d'une dimension de contrainte au sein de cette psychiatrie décentralisée modifie l'essence du projet. En effet, selon ses défenseurs, la philosophie portée par le secteur serait celle d'un humanisme fondé sur le respect de la subjectivité du patient qui, en cela, serait incompatible avec l'idée de contrainte. La loi nouvelle, au travers des mécanismes qu'elle met en place, interroge alors la nature de cette société postdisciplinaire que Foucault[20] avait entrevue et que Gilles Deleuze a nommée la société de contrôle[21]. La prise en charge des anormalités n'y relèverait plus du redressement autoritaire et de l'exclusion systématique de la vie sociale mais procéderait davantage d'une gestion des problématiques liées à certains groupes et individus au cœur de la cité par dispersion de mécanismes de correction souples et protéiformes qui, tout en manifestant généralement une volonté de respecter la liberté individuelle voire en se fondant sur elle, viseraient à conduire chacun à exercer celle-ci de manière conforme à certaines normes sociales explicites ou implicites. Si les modes d'action ont évolué, la contrainte n'en est donc pas moins existante et deviendrait même plus retorse du fait de sa ductilité voire de sa dissimulation sous les atours d'une bienveillante tolérance[22]. »

Mathias Couturier dénonce bien ici en matière de santé un système qui, sous couvert de bienveillance, viendrait à placer les individus en situation de choix et de culpabilité de contrainte et ainsi à les mettre face à une responsabilité qui leur incombe sans qu'ils l'aient choisie. Nous ne pouvons que reprendre largement et saluer l'analyse de cette loi qui met en perspective cette contrainte qui ne se dit pas, qui ne se voit pas et qui se pare des atours de bienveillance et de choix.

La théorie du Nudge

Une certaine perversion de la bienveillance sous-tend plus particulièrement la théorie du *Nudge*. Sous ce terme, qui renvoie à l'idée d'un « coup de pouce », on retrouve toute une théorie de l'« architecture du choix » et d'une sorte de mécanique du choix contraint qui repose sur nos habitudes cognitives.

En 2008 paraît un ouvrage rédigé par un économiste et un philosophe du droit américains : *Nudge : Improving Decisions about Health, Wealth and Happiness*[23]. En s'appuyant sur le fonctionnement cognitif et plus précisément sur le « système cognitif automatique », bien distinct du « système cognitif réflexif », les auteurs expliquent comment nous sommes amenés à être influencés dans notre prise de décision. Il s'agit d'« orienter » l'action (de lui donner un « coup de pouce »), en s'appuyant sur des biais cognitifs afin d'inciter l'agent à un meilleur comportement : manger plus sainement, adopter des comportements moins à risque pour sa santé et celle d'autrui, l'inviter à la bonne décision politique… mais sans lui demander son avis. Ainsi, dans les cantines, la mise en évidence des plats avec un bon score nutritif à hauteur des yeux et le déplacement ailleurs de la nourriture moins saine ; les lignes blanches sur la route de manière à donner l'impression au conducteur qu'il va plus vite que prévu ; ou encore le dessin d'une mouche au fond des urinoirs masculins de façon que les utilisateurs de toilettes publiques soient tentés de « viser » correctement et fassent moins de saletés sont des exemples parmi d'innombrables de ce que les auteurs appellent le « paternalisme libéral ». Pour eux, il est bien question de « paternalisme » dans la mesure où il s'agit d'orienter la décision des gens en vue du « bien », et de « libéralisme » puisque dans tous les cas les gens conservent leur liberté de choix.

Cependant, plusieurs objections sont à énoncer vis-à-vis de cette théorie : tout d'abord le *Nudge* repose sur le système cognitif automatique et non réflexif. Ce qui précisément s'oppose à l'idée même de choix délibéré et rationnel. Les automatismes se distinguent de la réflexion et donc du choix. Ensuite, la frontière entre *manipulation*, *influencement* et décision libre est fort poreuse : il est évident qu'agir ainsi, c'est dans tous les cas « orienter » les gens en vue d'une fin claire et établie. Enfin, et c'est sans doute la critique la plus féroce : à aucun moment il n'y a choix ou délibération personnelle sur ce qu'est le « bien ». Une telle conception laisse supposer qu'il y aurait une seule définition du « bien ». Or, le « bien » n'est pas posé de façon catégorique et absolu. Il est en devenir permanent et ce qui le maintient dans ce qu'il est, c'est précisément la délibération constante, un travail de veille, la réflexion qui nous permet de nous questionner sur nos actes, de conserver notre choix plein et entier à partir de la connaissance que nous avons du monde. On ne peut élever l'humanité au-delà de son désir d'amélioration… malgré elle.

Ainsi, le *Nudge* a tout du choix contraint, d'un système liberticide qui se pare des formes de la liberté et ce, de façon cachée, détournée.

LE PRINCIPE DE VIE

(*THE PRINCIPE OF LIFE*)

« L'idée auguste qui t'égaye
À cette heure encore bégaye ;
Mais de la vie elle a le sceau ! »

Victor Hugo, *Les Rayons et les Ombres*.

Imprescriptible et responsabilité

> « Ô fumée épaisse et noire des crématoires – drapeaux flottants sur toutes les cités dans les tresses du vent. Pourquoi m'étranglez-vous dans mon sommeil ? »
>
> Vladimir Jankélévitch, *L'Imprescriptible.*

Notre société produit des situations de choix contraints dont la conséquence est de nous condamner à une culpabilité inévitable (*guilt of coercion*). Et, les yeux baissés sur nos culpabilités personnelles et respectives, il ne devient plus possible de regarder ailleurs, de détourner le regard pour trouver les vrais coupables. Nous nous soumettons, volontairement. De plus, lorsque nous sommes devant un choix contraint, la double peine – s'il est permis de s'exprimer ainsi – est qu'outre cet insupportable choix à faire, il nous faut encore l'assumer et en devenir responsable. Et c'est au creuset de cette responsabilité que se logent la culpabilité et sa fidèle complice, la honte.

Cette culpabilité est à la fois morale et métaphysique quand elle nous amène à devenir responsables-malgré-nous (d'où la contrainte) d'un choix que l'on aura décidé mais auquel on n'aura jamais adhéré. Or, il nous faudra bien vivre avec cette culpabilité tenace. Ainsi, la question fondamentale à propos de cette culpabilité de contrainte est : comment déterminer quel comportement permettra d'être le moins mal à l'aise ? Qu'est-ce qui nous paraît être le plus insupportable ?

Un au-delà du choix

Le choix contraint, mû par la culpabilité qui est son fidèle cerbère et par son corollaire, la honte, nous confronte à l'*imprescriptible*, là où le choix repose sur le non-choix : ce qui demeure imprescriptible est ce qu'on ne peut pas prescrire, dans le sens d'« ordonner », de « commander » ou de soumettre à une prescription[1].

Et pour autant, c'est bien cet *imprescriptible*, cette impossibilité de prescrire un comportement, cette impossibilité de dire comment il faudrait agir, cette incapacité à concevoir une meilleure manière d'agir, cet au-delà du choix, qui fonde ce qu'il y a de plus humain en l'humanité. C'est dans ce *no man's land*, ce non-lieu de la pensée que se situe *notre sentiment d'humanité*[2]. Cette défectuosité constitutive, cette incomplétude originelle, cet *imprescriptible*, est aussi ce qu'on appelle vulnérabilité et qui peut avoir raison de nous.

Mais, au-delà de ce cauchemar qu'est la responsabilité malgré soi de vie ou de mort sur soi et autrui, il existe un principe qui rend raison de tout, le *principe de vie*. C'est au nom de ce principe que la conscience morale ne s'effondre pas totalement dans une culpabilité destructrice qui rendrait la vie intolérable. Ce n'est qu'au nom de ce principe supérieur que l'on peut trouver justification à l'insupportable, que l'on peut, à défaut de légitimer, comprendre et ainsi ne pas perdre toute sa raison.

En aucun cas, la culpabilité ne doit orienter nos comportements, mais elle ne peut non plus disparaître sous peine de nous déshumaniser. Il y a des choix qui sont fondamentalement immoraux et, pour autant, totalement humains ; il y a des choix qui nous démontrent qu'au-delà de toute quête du *bien* (qu'elle soit arétique, déontologique, utilitariste), il y a un *principe de vie*, un principe *humain*. Là, intervient la question de notre responsabilité : c'est-à-dire de ce dont on choisit de devenir responsable ou pas ; des actes dont on est capable de répondre ou pas.

Répondre de ses actes, ce n'est pas nécessairement les justifier en fonction du bien. Pascal, qui place la raison du cœur à côté (ou au-delà ?) de la raison elle-même, exprime ainsi l'essence même de la vie qui prend racine dans notre sentiment d'humanité :

> Le cœur a ses raisons que la raison ne connaît point ; on le sait en mille choses. Je dis que le cœur aime l'être universel naturellement, et soi-même naturellement, selon qu'il s'y adonne ; et il se durcit contre l'un ou l'autre, à son choix. Vous avez rejeté l'un et conservé l'autre : est-ce par raison que vous vous aimez[3] ?

La raison, entendue comme justification qui nous pousse à agir, répond à une logique autre que celle de la rationalité.

Une logique qui pourrait être celle du cœur. Tel en est aussi de ce principe de vie qui invite à déterminer notre raison d'être au-delà de toute forme de rationalité.

Qu'est-ce que cela signifie que d'*être humain* quand, sous l'effet de la contrainte, on a fait un choix qui nous *déshumanise* ? Et comment survivre à cette culpabilité de contrainte qui soumet notre liberté comme notre âme ? Si nous renonçons à la culpabilité, ne renonçons-nous pas du même coup à ce qui fonde l'humanité en l'homme et toute société humaine, à savoir à notre *sentiment moral* ?

Au tréfonds de notre vérité

Depuis de nombreuses années, j'enseigne la philosophie à des soignants. Cette manière de mettre en lien la philosophie et la médecine s'appelle l'éthique médicale. Les doctorants que j'accompagne sont constamment en situation de dilemme moral ou encore de choix contraint. Il serait presque juste de dire que l'on convoque l'éthique là où précisément ni la loi ni la morale ne parviennent à résoudre un dilemme : réanimer ou pas ; laisser mourir ou pas ; amputer ou pas ; dire ou se taire… On convoque l'éthique précisément là où on ne *sait* pas décider mais où on *doit* décider.

Depuis plus de quinze ans mes étudiants n'ont cessé de me parler de ces « cas éthiques », ces choix contraints tous bouleversants, tous si lourds à porter et pour lesquels aucune solution ne paraissait satisfaisante. J'ai appris en les écoutant. Et ce que j'ai appris, c'est qu'en pareilles situations, la personne en charge de la décision se retrouve totalement nue. D'une vulnérabilité totale. Sans défense. Aucun argument, aucun conseil, aucun savoir ne tient plus. Il ne reste plus que soi. Totalement seul. Le choix contraint nous condamne à la solitude car l'enjeu est tel que nul n'a de conseils à donner. En de tels moments, on est seul avec soi-même tout en étant au-delà de soi, arraché à son désir. On est présent mais d'une présence qui s'absente.

Cependant, curieusement, au-delà du rationnel, au cœur même de l'impensé, *on sait*. Étonnamment, au moment de choisir au cœur de ce non-choix, du choix contraint, se trouve une vérité, un savoir sans expérience, une force d'évidence qui n'est ni l'intuition, ni une pré-notion, ni une pulsion ou une impulsion. Au cœur de l'horreur du choix contraint, dans l'intime de notre âme et conscience, au tréfonds de notre propre vérité, se trouve un savoir qui nous dit très clairement comment on doit agir, comment on doit décider et de quoi on va devoir être responsable.

Ce « savoir » immédiat, clair, réel, est l'expression de ce que j'appelle le *principe de vie*. Cela signifie qu'en présence d'un choix contraint et de la culpabilité qui lui est associée, ce qui va nous permettre de décider – et ce choix est tout à fait posé et ne se fait absolument pas sous le joug de l'impulsion –, c'est de déterminer ce avec quoi nous allons pouvoir continuer à vivre le moins mal possible. Le principe de vie est donc ce qui oriente notre choix en fonction de ce qui est le plus viable pour un sujet.

Si on reprend l'exemple de Sophie, le choix le plus vivable (ou le moins invivable) est pour elle le fait de sauver un de ses enfants : pour cela, elle va sacrifier sa fille. Ce choix est fait en fonction d'un principe ultime, absolu, catégorique, un principe irrationnel mais qui trouve sa raison d'être au cœur de la vie elle-même. Il y a donc une raison au-delà de la raison qui donne une justification à certains de nos actes[4]. Il y a donc des raisons d'agir – entendons des « manières » d'agir – qui peuvent aller à l'encontre de ce qui est rationnel et « bien », mais qui se justifient au nom d'un principe supérieur, qui est, encore une fois, ce que j'appelle le *principe de vie et de sa conservation*, expression de notre sentiment d'humanité.

Le principe de vie n'implique pas de choisir la vie à tout prix : mère moi aussi d'un garçon et d'une fille, il me semble que, confrontée au choix de Sophie, j'aurais préféré choisir la mort pour nous trois. Ce n'est donc pas un *primum vivere* qui d'ailleurs ne tient pas dans le champ de la médecine. C'est un principe bien plus puissant qui implique que l'on peut décider aussi d'aller vers la mort, en toute conscience, volontairement, sans être suicidaire ni malade. Et peut-être est-ce là l'exercice ultime de ma liberté, d'avoir encore le choix de refuser un choix contraint.

Cependant, il n'y a pas une bonne manière de faire, une bonne manière de décider, seulement celle avec laquelle notre responsabilité et notre culpabilité seront les moins douloureuses. Cela rejoint ce que j'ai appelé ultérieurement une *éthique de la sincérité.* Cette tension extrême dans le choix ouvre les portes de ce qu'il y a de plus humain en l'homme.

Être « humain »

Le choix contraint, dans sa barbarie, dans son inhumanité, en appelle, peut-être plus fortement encore, peut-être plus violemment encore, à cette question : *être humain*, est-ce être et devenir humain, ou est-ce que nous sommes *déjà* des êtres humains *par nature* ? Sommes-nous humains *a priori* du seul fait d'être vivants ou notre humanité d'hommes est-elle en perpétuelle instance d'être, en attente de définition comme autant de preuves nécessaires à notre humanisation ? Stingo, le narrateur du *Choix de Sophie*, cherchera des raisons morales (alcoolisme) et métaphysiques (commettre le péché impardonnable) pour tenter de comprendre le comportement du médecin sadique qui a forcé Sophie à choisir entre ses deux enfants, et c'est peut-être en cela que se trouve le plus haut degré de notre humanité : être capable de comprendre avant de juger – même quand il s'agit de se confronter à la barbarie la plus immonde, à une forme d'inhumanité en l'homme.

Ainsi, au nom du principe de vie, il existe une autre lecture du *Choix de Sophie* ou encore du tri et des choix des soignants pendant la crise sanitaire de 2020 : Sophie a sauvé au moins un de ses enfants et les soignants ont, à ce jour, pu sauver en France des milliers de personnes.

Retrouver un sentiment moral

L'humanité (du latin *homo*, « homme »), comme expression de la *nature humaine*, nous renvoie à une autre étymologie : *humus* – la terre (qui est aussi racine d'humilité ou d'humiliation [1]). Être humain, c'est être de cette terre. Mais ce qui distingue sur cette terre les humains (espèce particulière) des animaux, c'est que les humains sont doués de raison. Ce qui est au fondement de l'humain – entendu au sens d'humanité –, c'est donc la capacité que l'on a de faire usage de sa raison. La raison est aussi ce qui nous permet de distinguer le bien du mal. Elle est au fondement du jugement moral : le *sujet moral* est celui qui est capable de se déterminer en faisant des choix entre le bien et le mal, c'est l'un des fondements du sujet humain.

Mais qu'en est-il d'être humain au moment où la raison défaille ? Au moment où la raison s'incline ? Là où le jugement moral est faussé ? Dans des cas de démences psychiques (de la psychose à la maladie d'Alzheimer en passant par la psychopathie [2]), quand la raison vacille, dans les moments de délire où le sujet n'est plus capable de distinguer le bien du mal, perd-il pour autant son statut d'être humain ? Ou alors, dans les cas de mal profond, de torture, de destruction volontaire de l'autre, là où le jugement est faussé, comme dans certains crimes barbares ? Le sujet dont la raison semble kidnappée en est-il moins humain ?

Le patient atteint de troubles mentaux ou cognitifs reste profondément humain, quand bien même il serait dans l'incapacité d'émettre un jugement moral (ce qui le rend aux yeux de la société *irresponsable*). Alors que le tortionnaire nazi, jouissant du mal qu'il inflige à ses semblables, jugé *responsable* bien que son jugement moral soit faussé, peut être qualifié d'*inhumain* – ces comportements vont à l'encontre de ce qui est humain ou moral en toute lucidité.

Pour autant, ce raisonnement ne tient pas dans la mesure où le psychotique comme le nazi restent tous les deux des êtres humains à part entière, quels que soient leurs comportements, leur degré d'irresponsabilité. Avoir une vision de l'humanité qui ne se complairait que dans la recherche du bien n'a pas de sens, dans la mesure où le mal existe en l'homme, en l'humanité. Si bien qu'on ne peut pas faire du jugement moral un critère suffisant pour définir ce qu'est le fait d'*être humain*. Dans l'humanité et dans le fait d'être un humain, doit être laissée une place à cette part d'*inhumanité en l'homme*. C'est dire que le mal tout comme le bien est effectivement ce qui constitue le jugement « moral », car il ne peut y avoir de jugement sans ces deux entités.

Ce qui signifie que l'une des marques de l'humanité en l'homme, ce n'est pas d'agir en vue du bien, mais plutôt d'être capable de jugement ; en d'autres termes, c'est sa liberté, c'est-à-dire sa capacité de choix – et ce qui ne peut juger par soi-même comme les animaux ou les machines est hors humanité. Le psychotique, le dément ou le nazi (que bien entendu je ne mets pas sur le même plan) ont un jugement défaillant mais n'en sont pas moins *humains*. Mal agir ne signifie donc pas perdre notre humanité.

L'expérience de l'amoral

Certes, mais alors qu'en est-il lorsque l'être humain fait l'expérience de ce qui n'est ni moral ni immoral, mais de ce qui est *amoral* ? Qu'est-ce qu'*être humain* lorsque nous sommes poussés aux extrêmes limites du jugement, là où précisément ni la raison ni la morale ne tiennent ? C'est ce qui arrive dans le cas des choix contraints. Le choix contraint nous déshumanise-t-il ?

Il y a bien quelque chose de cette nature dans le choix contraint, quelque chose qui nous pousse aux limites de nous-mêmes, jusqu'à nous égarer dans les limbes de la folie de l'homme, quelque chose qui nous fait perdre de vue notre humanité. Que ce soit le cas du médecin réanimateur, de Sophie, de Clothilde, de la Christine V. de Duras, de Gilda dans « L'œuf » de Buzzati ou encore des héros et héroïnes des grandes tragédies, mais aussi, plus banalement, devant des injonctions paradoxales, une certaine éducation au chantage affectif ou encore les discours politiques et médiatiques distillés dans notre société contemporaine, nous sommes dans des contextes de *déshumanisation*. Une déshumanisation qui ne se dit pas, qui ne se remarque pas car elle se fait sous couvert de *choix*. Et où la volonté finit bien par trancher, que ce soit par devoir, par faiblesse, par soumission ou par peur. Où le désir finit par se taire jusqu'à s'évanouir. C'est la disparition de ce que c'est qu'*être humain* qui se fait sous nos yeux, peu à peu.

Mais être humain, ce n'est pas seulement appartenir au genre de l'humanité. Cela a aussi un autre sens : le fait d'éprouver de l'empathie et de la sensibilité : être doté d'un *sentiment d'humanité.* En ce sens, *être humain*, c'est avoir la faiblesse (ou la force) de l'humanité. Quelqu'un qui fait preuve d'humanité se montre capable de sensibilité, de compassion, de compréhension, de cœur, de pardon. Si bien qu'*être humain*, c'est être en perpétuelle conquête de son humanité. Dès lors, comment parvenir à *devenir humain* quand le contexte social et politique est l'expression d'une *déshumanisation* ? Qu'est-ce qui peut nous permettre de survivre aux choix contraints ?

La culpabilité sans être coupable

Dans cet étrange article où Marguerite Duras réfléchit sur le cas de Christine Villemin, la mère du petit Grégory que l'on a retrouvé assassiné dans les eaux de la Vologne en octobre 1984, l'écrivaine est persuadée que la mère a tué l'enfant mais ne la rend pas coupable pour autant. Elle l'écrit : « Non, elle n'est pas coupable », et elle justifie l'infanticide par l'oppression millénaire que connaissent les femmes, enfermées dans des conditions domestiques de soumission et de maternités non désirées. Des femmes qui n'ont aucun recours, pas même celui de la parole. Des femmes soumises à la « loi de l'homme » : « Regardez bien autour de vous, dit Duras, quand les femmes sont comme celle-ci, inattentives, oublieuses de leurs enfants, c'est qu'elles vivent dans la loi de l'homme, qu'elles chassent des images, que toutes leurs forces, elles s'en servent pour ne pas voir, survivre[3]. »

Quand advient cet état de non-vie, une vie contrainte résultant de choix contraints de laquelle il n'est plus possible de s'extraire, il ne reste plus que la mort. Duras fait l'hypothèse que l'enfant était en trop, un enfant non désiré, un enfant certainement issu du viol conjugal, un enfant qui reste une part d'elle-même qu'elle tue pour ne pas mourir tout à fait, pour rester en vie, un peu encore. De telle sorte que le crime contre l'enfant est en fait un crime contre la mère. Ainsi, la mère a tué son enfant pour rester en vie – voilà quel était, pourrait-on dire, son *principe de vie*. Aux yeux de Duras, il ne lui reste plus que la culpabilité comme sentiment moral, mais elle ne doit pas être accablée d'une culpabilité juridique : « Le crime opéré sur l'enfant, mais aussi le crime opéré sur elle, sur la mère. Et cela me regarde. Elle est encore seule dans la solitude, là où sont encore les femmes du fond de la terre, du noir, afin qu'elles restent telles qu'elles étaient avant, régulées dans la maternité de la matière. »

Cet article écrit par Duras sur l'affaire du petit Grégory et de sa mère n'est que pure fiction dans l'interprétation qu'elle donne des faits – emportée par la vindicte populaire qui à l'époque incriminait la mère. Cette dernière bénéficia d'ailleurs d'un non-lieu rendu par la cour d'appel de Dijon en février 1993. Mais sans doute aussi Duras a-t-elle éprouvé très profondément cette douleur de femme qui en appelle à la rage, à ce sentiment d'injustice si puissant qu'il n'est plus que cri, que douleur et qui donne à celle qui l'éprouve la force d'une armée (telle Gilda dans « L'Œuf » de Buzzati). Car si l'interprétation des faits s'est révélée complètement fausse, en revanche l'analyse qu'elle fait de la condition de la femme et les limites humaines auxquelles cela renvoie sont d'une justesse sans nom. Ce que décrit Duras est un geste au-delà de la morale, un geste amoral qui justifie tout devant tous sans qu'il soit pour autant légitime : « Et dans ce cas, aucune morale, aucune sanction ne leur fera reconnaître que cet enfant est le leur[4]. »

La culpabilité comme sursaut d'humanité

Le choix contraint nous conduit dans le registre de ce qui est *amoral* et en cela nous déshumanise, mais c'est précisément parce que l'on est encore capable de *culpabiliser* (la culpabilité de contrainte) que l'on reste sujet, que l'on reste humain et qu'en nous ne disparaît pas totalement notre humanité. La culpabilité n'est pas seulement la marque d'une loi morale (droit naturel) ou d'une loi éthique (droit positif), elle est aussi et surtout la marque d'un *sentiment moral*, une expression pure de l'humanité en l'homme.

Doit-on rappeler le mythe biblique d'Abel et Caïn ? Ève et Adam ont deux fils, Caïn, paysan, et Abel, berger. Un jour, les deux frères apportent chacun une offrande à Dieu : Caïn offre des fruits de la terre, tandis qu'Abel présente des premiers-nés de son troupeau de moutons et leur graisse. Dieu préfère l'offrande d'Abel. Puis il perçoit la colère et la tristesse de Caïn, et lui enjoint de bien agir et de dominer le péché. Mais Caïn, jaloux, y échoue. Un peu plus tard, il invite son frère à sortir dans les champs, se jette sur lui et le tue. C'est le premier meurtre inscrit dans la Bible. Dieu interpelle Caïn au sujet de la disparition d'Abel, celui-ci lui répond par une question : « Suis-je le gardien de mon frère ? » puis Dieu lui apprend qu'il est maudit par le sol qui a recueilli le sang versé. Il le chasse de la terre fertile dont il jouissait et le condamne à errer sur la terre. Caïn portera sur lui la culpabilité du meurtre de son frère, ce que Victor Hugo a superbement décrit dans un poème célèbre intitulé « La conscience[5] » :

> Alors il dit : « Je veux habiter sous la terre
> Comme dans son sépulcre un homme solitaire ;
> Rien ne me verra plus, je ne verrai plus rien. »
> On fit donc une fosse, et Caïn dit « C'est bien ! »
> Puis il descendit seul sous cette voûte sombre.
> Quand il se fut assis sur sa chaise dans l'ombre
> Et qu'on eut sur son front fermé le souterrain,
> L'œil était dans la tombe et regardait Caïn.

Si l'on revient au récit biblique, le mal, et donc la culpabilité entendue comme l'expression d'un sentiment terriblement humain, est présent dès les origines de l'humanité. La culpabilité n'est pas issue d'une certaine culture, d'une certaine éducation, conséquence d'un certain surmoi : elle est inhérente à la nature humaine. Avant que ne soit théorisé socialement et culturellement ce qui est juste et injuste, un enfant ressent en lui, dès son plus jeune âge, un sentiment d'injustice d'où il déduira la justice. Tout comme Caïn qui éprouve un si grand sentiment d'injustice que cela le conduira au meurtre. Ce sentiment d'injustice est profondément humain, alors que le meurtre qui suit le barbarise, le déshumanise (le meurtre étant la négation de l'autre, la négation de l'humanité). Et ce qui permet à Caïn de rester humain, de se maintenir *malgré tout* dans l'humanité, c'est justement sa culpabilité. La culpabilité est ce qui nous sauve d'une certaine déshumanisation.

Mais dans le cas de la culpabilité contrainte, la tension est telle, la culpabilité est si grande… Comment y survivre ? Comment rester humain sans se tuer pour autant ? Comment préserver tout à la fois la vie et cette culpabilité, puisque, si celle-ci disparaît, on ne devient plus que machine, automate, homme sans humanité ? Mais en même temps, comment survivre à de tels fardeaux ?

En convoquant la force du principe de vie.

Le principe de vie

Ce que veut dire être vivant

Être en vie, c'est être traversé par la vie. C'est sentir dans ses veines ce souffle immatériel. C'est marcher, respirer, parler, voir, toucher. C'est entrer au contact du monde d'abord par la sensibilité et ensuite par la pensée qui ne fait que traduire des émotions, des images impressionnelles, en mots immatériels. *Vivre* est, sans aucun doute, la chose la plus naturelle et la plus humaine qui soit.

Mais vivre c'est aussi, parfois, savoir mourir ; en cela la vie est elle-même irrationnelle. Et parce que vivre, ce n'est pas seulement être rationnel, ce n'est pas seulement être un sujet moral, c'est faire l'expérience, de façon charnelle, du risque de la vie. Et cette expérience est tout aussi ineffable qu'indicible. Ceux qui ont vécu de près, de trop près la mort, savent dans leur chair ce que cela signifie que vivre. Ce vécu spécifique est imprimé dans chaque pore de leur peau, en surface comme en profondeur : les accidentés, les malades, les mourants, les agonisants, les douloureux, ceux aussi dont l'âme est brûlée, les cramés du destin, les affligés, les accablés de la vie, les humiliés, les grands isolés que le monde a oubliés, les « seuls dans la solitude », les affamés, les violés, les abusés, les trahis, re-trahis, maintes fois trahis, les abandonnés… Tous ceux qui, sous une forme ou une autre, ont regardé la mort en face, tous savent cela, d'un savoir qu'on ne rencontre pas dans les livres. Un savoir qui ne peut être qu'empirique et qui vous place tout à coup en situation de vérité. Ceux-là, tous ceux-là sont porteurs d'une vérité d'humanité et savent ce que cela signifie *être vivant*. Ceux-là savent ce que signifie *être humain* : ils ont rencontré sur leur chemin le *principe de vie*.

Il y a quelques années, et je m'en souviens clairement, un couple de parents est venu me consulter pour une situation très douloureuse : l'accompagnement en fin de vie de Mathilde, leur fille de 7 ans, atteinte d'un cancer qui s'était généralisé. C'était leur fille unique. Il est toujours très difficile pour moi de faire ce genre de « travail », c'est-à-dire accompagner un enfant dans la mort. Je me suis toujours dit qu'il n'y a pas assez de mots, pas de théories, de la sagesse stoïcienne à la psychanalyse en passant par toutes les religions et sagesses du monde, il n'y a pas de mots pour accompagner la souffrance de parents dans la perte d'un enfant. Si j'ai eu le sentiment de toucher, du bout des doigts, les limites de ce qui est humain, d'entrapercevoir de loin ce que pouvait être cette *folie de l'homme*, c'est bien dans cette souffrance de la mort d'un enfant. Je redoute toujours ce genre d'accompagnement, car je me sens inutile, inefficace, presque en trop. Je sais que les parents cherchent à avoir moins mal, à rationaliser quelque chose qui ne peut pas l'être, à comprendre ce qui intrinsèquement n'a pas de sens. Qu'y faire ?

Face à une telle détresse, je n'ai cependant pas eu le cœur de les orienter chez un confrère. J'avais entendu le caractère désespéré et urgent de leur demande. J'ai fait face et je n'ai pas eu à le regretter. J'ai appris beaucoup de ma rencontre avec cette toute petite fille. Mathilde avait enduré plusieurs mois de traitements et de chimiothérapie quand j'ai fait sa connaissance. Elle était à l'hôpital, à bout de forces, mais gardait encore un certain humour. Les jours passaient et son état se dégradait assez vite. Elle était très affaiblie quand l'oncologue est venu proposer aux parents un nouveau traitement avec une nouvelle chimio. Les parents voyaient leur fille au plus mal, mais espéraient encore. Ils auraient, bien évidemment, fait n'importe quoi pour avoir un peu plus de temps avec elle. On a donc annoncé à Mathilde qu'allait débuter un nouveau protocole de soins. Mathilde a très bien compris ce qu'elle allait devoir subir à nouveau. Et là, avec une force indescriptible, faisant face à ses parents comme à son médecin, dans un élan d'une puissance inouïe, elle a refusé tout net toute nouvelle forme de traitement. Elle a exprimé à tous le désir de rentrer chez elle, pour *mourir*, pour qu'on la laisse partir tranquillement. Quel âge avait Mathilde à ce moment-là ? 7 ans, 20 ans, 100 ans ? Mathilde avait l'âge de la vérité et la force du désir. J'ignorais jusqu'alors qu'une petite fille de 7 ans pouvait avoir un langage si clair, si mature, être capable d'exprimer avec autant de force son désir le plus cher. Mathilde en avait assez de vivre ainsi, elle voulait que cela cesse.

Les parents se sont alors trouvés en situation de choix contraint. Accepter de satisfaire le désir de leur fille, cela signifiait aussi qu'ils allaient la perdre et vite. Il est facile de comprendre que n'importe quels parents en de telles circonstances auraient refusé cette perspective. Et, bien sûr, ils ont tenté, complètement perdus, affolés, atteints de cette *folie de l'homme*, de chercher auprès de moi un semblant de raison, des arguments pour la convaincre de revenir sur sa décision. Mais il était évident que cette décision ne m'appartenait pas. Je n'avais rien à dire, juste à les accompagner, les soutenir dans leur propre cheminement. Je me souviens combien je me suis sentie lâche dans cette impuissance à agir ou à dire.

Ils ont finalement accepté le désir de leur fille. Elle est morte à la maison, près d'eux, parmi ses jouets, parmi les souvenirs de sa courte vie. Ces parents avaient décidé, dans un choix totalement inhumain pour eux, quasi contre-nature, de l'accompagner dans la mort avec pour seul traitement des antalgiques pour combattre la douleur.

C'est à cela que ressemble le principe de vie : se battre pour sauver sa peau, même si parfois sauver sa peau cela signifie mourir. C'est ce qui fait encore sens, là où il n'y en a plus, une ultime *raison d'être*. Le principe de vie de Mathilde, ce qui faisait encore sens pour elle, c'était de mourir chez elle. Par amour pour leur fille, plus que pour eux-mêmes, ses parents l'ont compris.

L'intention coupable et la responsabilité juste

On peut aisément imaginer combien les parents ont été affligés par la mort de leur petite fille. Et surtout, combien la culpabilité a été grande. Comme dans tout choix contraint, la culpabilité de contrainte était inévitable. Elle peut être telle qu'elle nous empêche de vivre. Et c'est bien ce qui rend la situation de choix contraint tellement intenable, c'est qu'il est au-delà de tout désir. Il n'est que mécanique de la volonté ; là où le désir n'est plus.

C'est en cela que le choix contraint déshumanise le sujet puisqu'il le place dans un contexte où son désir ne peut plus exister. Et c'est en cela, ne l'oublions pas, que la culpabilité le maintient aussi dans son humanité. Car, après un choix contraint celui qui ne culpabilise pas est celui qui a perdu toute humanité. Il n'est plus qu'automate, machine sans âme, sans jugement.

Certes, mais si la culpabilité est ce qui maintient le sujet dans son humanité, dont le choix contraint a tenté de l'arracher en l'empêchant d'accéder à nouveau à son désir, comment y survivre ? Sophie se tue, tant cette culpabilité est grande, invivable. Clothilde est sans vie. L'anesthésiste est torturé. Les parents de Mathilde sont dévastés. Toute la question est de savoir comment rester vivant malgré cette culpabilité qui ronge – sans renoncer à cette même culpabilité qui autorise à rester humain.

Eh bien, c'est cela que permet le principe de vie. Être capable, au nom d'un impératif qui n'a rien de moral mais qui est celui d'un appel du vivant, d'accepter un choix intolérable, insoutenable, impensable et de supporter la culpabilité de contrainte qui y est associée.

Alors, comment Sophie peut-elle supporter la culpabilité de la mort de sa fille ? Comment les soignants peuvent-ils survivre au sentiment de ne pas avoir pu sauver une personne alors qu'ils avaient la capacité de le faire ? Comment Clothilde peut-elle survivre à la disparition de ce troisième bébé ? Et comment parvenir à quitter un homme violent qui nous place en situation de choix contraint et de soumission ? Comment survivre à une hiérarchie qui nous inonde d'injonctions paradoxales et nous condamne inévitablement à l'échec ? Comment faire face à la violence des regards-juges permanents qui, tel l'œil dans la tombe de Caïn, scrutent nos comportements pour les évaluer et ainsi pouvoir dicter nos conduites en nous imposant de nouvelles normes ? Comment rejeter ces discours politiques ou populistes qui recadrent en permanence nos manières d'être et nos manières de penser et qui en cas de désobéissance ou de transgression nous accablent de culpabilité ? Comment survivre à une société qui passe son temps à nous placer en situations de choix contraints où la culpabilité est inévitable et, en cela, nous soumet constamment ?

On ne peut pas changer si facilement l'ordre des choses. Et ce n'est pas parce que l'on se plaindrait d'une société qui nous place dans de telles situations et qu'on en montrerait l'ignominie que cela changerait pour autant. Ainsi paraît-il plus facile *de changer l'ordre de ses désirs plutôt que l'ordre du monde*... Dès lors la question est plutôt de savoir comment – concrètement – y survivre, c'est-à-dire à la culpabilité de contrainte.

Dans les exemples choisis, ce n'est pas la personne qui est responsable du choix contraint à laquelle elle se trouve confrontée bien qu'elle en porte la responsabilité. Les soignants n'ont pas fait le choix de manquer de lits ; ce n'est pas Sophie qui a décidé de devoir renoncer à sa fille ou à son fils ; Clothilde, si elle avait eu davantage d'aide et d'écoute, aurait gardé son troisième bébé ; Christine V., telle que la décrit Marguerite Duras, est victime d'une condition féminine lourde de plusieurs siècles ; les parents de Mathilde n'ont pas voulu laisser mourir leur fille… Toutes ces personnes ont un désir, quelque chose qui leur est propre auquel elles doivent renoncer malgré elles, sous le joug d'une force hétéronome, extérieure. Sous le joug d'une *contrainte*. Cependant, elles *choisissent* et deviennent *responsables* de ce choix. Une responsabilité qui génère une *culpabilité* avec laquelle il est difficile de vivre. C'est un fait.

Néanmoins, il semble qu'il y ait une erreur dans le raisonnement, car au fond, il faut se demander : *qui est le vrai coupable ?* Ce que le choix de contrainte empêche de voir, c'est précisément cette question. Que ce soit par l'effet du choix illusoire (*forced choice*) ou par l'effet de la soumission volontaire, le sujet qui se sent coupable n'est plus en mesure d'interroger : *qui est le vrai coupable ?* De même, comme on l'a vu, il ne peut pas balayer d'un simple revers de la main ou par le biais d'un déni commode sa culpabilité sans perdre en même temps son humanité. Ainsi, la seule solution pour survivre à tout cela sans perdre ni son humanité ni sa vie, c'est d'être capable, avec du temps, avec le temps nécessaire pour que la plaie commence à cicatriser, de poser, de s'imposer, d'imposer à sa conscience nue, cette seule question : *qui est le vrai coupable ?* Et de répondre avec le plus d'objectivité possible afin ainsi de dépasser et de remplacer sa responsabilité par une *responsabilité juste*.

La responsabilité juste n'est pas celle de celui qui appuie sur la détente mais celle de celui qui a tout fait pour que quelqu'un se retrouve avec un pistolet en main. Il est ici question de réfléchir sur ce qu'on appelle en droit l'*intention coupable*. Il est évident que, dans tous les cas cités, il n'y avait pas chez celui ou celle qui s'est trouvé(e) face à ce choix d'intention coupable : aucun n'a souhaité être dans cette situation. Et déterminer la responsabilité juste en en appelant à l'intention coupable est ce qui peut permettre de survivre à la culpabilité de contrainte.

Bien sûr, cela ne calmera pas la douleur. Cela n'effacera pas la plaie morale : Sophie doit faire le deuil de sa fille, Clothilde de son troisième bébé, les soignants des patients décédés, les parents de Mathilde, celui de leur fille. Mais nommer les véritables responsables permettra d'accéder à la possibilité du deuil, et ainsi de rester parmi les vivants. La culpabilité ne disparaîtra pas, mais deviendra soutenable et nous n'en deviendrons que plus humains.

Conclusion

Guilt generation

En 2019, le réalisateur britannique Ken Loach présente un film, *Sorry We Missed You*, qui dénonce l'*ubérisation* dans notre société. Ricky, père de deux enfants et marié à Abby, auxiliaire de vie, cherche du travail. Il décide alors de devenir chauffeur-livreur indépendant. Au cours de l'entretien d'embauche, le responsable de la plateforme logistique insiste bien sur le fait que, désormais, c'est « lui qui décide », il est son « propre patron ». Tout ce qui compte, c'est que les colis soient livrés à temps. Ricky s'engage, satisfait de ce système. Déjà, au moment de choisir le véhicule, il prend conscience cependant que tous les frais sont à sa charge, et que pour travailler il va devoir payer beaucoup plus que prévu – sans parler des pénalités élevées en cas de retard de livraison et en tenant compte des clients grossiers, agacés, indolents… Puis que, certes, il est indépendant mais surveillé constamment par l'entreprise au moyen d'une balise qui le géolocalise. On est dans cette société du contrôle poussée à l'extrême dont ont si bien parlé Deleuze ou Hardt et Négri[1].

Dans un style naturaliste propre au réalisateur, à mi-chemin entre le documentaire et le cinéma, Ken Loach décrit ainsi une famille prise dans les dérives d'une société de plus en plus exigeante et menée au bord du chaos. Entre les cadences infernales et les factures, les emprunts, le loyer, les dettes qui s'accumulent… aucun moyen d'en sortir sans se retrouver dans un cercle sans fin de destruction et de misère. Sa femme aussi se bat : les mains dans les excréments ou dans le vomi de personnes âgées abandonnées à leur solitude, son choix contraint à elle se situe entre l'abandon de sa famille ou l'abandon de ces personnes en détresse qui n'ont qu'elle. Si bien que ni le père ni la mère n'ont le temps de s'occuper de leurs enfants. La suite ne peut être que dramatique.

Ce film est archétypal de la *guilt generation* : une génération prise dans les pièges d'une société contemporaine où le temps est un étau ; où la réussite est un credo ; où la rentabilité est un principe à la fois premier et dernier ; où pour survivre nous n'avons pas d'autre choix que de nous soumettre (choix contraint). Cette soumission devient volontaire à force de culpabilisation (culpabilisation de contrainte). Peut-être que ce sont les dernières scènes du film qui illustrent le mieux cette réalité : Ricky se fait agresser ; il est tabassé, pillé. Dans la salle des urgences de l'hôpital où sa femme l'a accompagné, le responsable de la plateforme vient lui expliquer qu'il doit rembourser une partie de la marchandise mais aussi la balise très onéreuse qui permet d'assurer le suivi de ses livraisons et dont le montant est très élevé. Seuls l'argent et la marchandise comptent. Sa femme s'insurge, elle perd son sang-froid. Elle hurle dans cette salle bondée, elle hurle contre ce principe de déshumanisation qu'elle n'accepte pas. Elle hurle pour préserver encore un peu de son libre arbitre, pour ne pas totalement céder.

Mais il est trop tard pour Ricky qui, lui, est déjà totalement englouti par cette mécanique culpabilisatrice qui broie et qui soumet. Après une nuit chaotique, malgré son visage tuméfié et ses souffrances, à l'aube il prend les clés du camion malgré sa femme et ses enfants qui tentent de le retenir. Sa culpabilité est trop grande, la pression économique trop forte : pour chaque jour non travaillé, les pénalités s'accumulent. Il n'a pas encore récupéré toutes ses facultés pour conduire sans danger. Mais peu importe. La dernière scène est l'expression même de sa soumission volontaire : au volant de son camion, le visage ensanglanté, le dos brisé par les douleurs, il s'effondre en larmes, vaincu, anéanti. Quelle est cette force qui oblige cet homme, dans un tel état de douleur, accablé d'une misère sociale qui n'a rien de la fiction, dans un état d'extrême épuisement, à se lever et à continuer à bout de forces, à bout d'espoir, à travailler comme un forçat ? La culpabilité de contrainte – *guilt of coercion*.

Commentant ce film, le critique Nicolas Rieux aura ces mots très justes : « Plus la société évolue, moins l'humain avance. » Matthieu Macheret, quant à lui, pour *Le Monde*, insiste sur « ce pacte faustien qu'ont pris les nouvelles formes de travail, régies par un langage trompeur (on ne dit plus travail mais "mission") ou des logiciels qui s'évertuent à gommer toute dimension humaine ». C'est un peu ce retrait de l'humanité en l'homme que traduit cette *guilt generation*, prise dans les entrailles d'une société dont les ressorts reposent sur une mécanique de choix et de culpabilité de contrainte. C'est ce monde qui prône le libéralisme à tous crins et qui vante les nécessités toujours accrues du capitalisme qui produit la *guilt generation.* C'est tout un système qu'il faut dénoncer derrière les pièges de la culpabilisation et de la soumission volontaire. Un système qui promet aussi la sécurité au risque de la liberté ; un système qui se maquille de libéralité pour mieux cacher de nombreuses formes de domination.

La crise sanitaire de la Covid-19 a révélé aux yeux de tous une situation déjà bien connue du champ de la médecine et de la littérature : le *choix contraint* (*forced choice*), notamment avec la question du tri des patients. Le propre du choix contraint est qu'il place le sujet en situation de choisir entre deux choses qu'il ne souhaite pas. Ainsi, il *doit* choisir, la *volonté* tranche, mais s'évanouit son *désir.* Ce qui entraîne nécessairement une forme de culpabilité spécifique : la *culpabilité de contrainte.* Étant alors en situation de culpabilité, le sujet se trouve assiégé, empêtré dans sa mauvaise conscience, à la fois *honteux* du choix de contrainte qu'il a dû faire tout autant que *responsable.* Et il est bien *responsable* puisque c'est *lui* qui a choisi et nul autre. En cela, le choix est l'expression d'un libre arbitre. Mais un libre arbitre qui n'est pas libre en lui-même puisqu'il est l'effet d'une contrainte. Cette culpabilité alourdie par la responsabilité conduit le sujet à un principe de soumission. Il est soumis à sa propre (mauvaise) conscience et à celui qui a généré la situation de choix contraint.

C'est là tout l'effet pervers de ce système qui sous couvert de libéralité se montre profondément liberticide : la culpabilité produit des inhibitions empêchant toute révolte, toute désobéissance et donc une soumission volontaire, un *serf arbitre* mettant en danger la liberté individuelle et collective. Mais, comme cette culpabilisation est hétéronome (c'est-à-dire qu'elle provient de l'extérieur du sujet – ce n'est pas le sujet qui s'est mis en position de choix contraint), que le sujet n'a pas d'autre choix que de culpabiliser, elle le met en même temps à distance de son propre sentiment moral, ce qui a la vertu de le *déshumaniser.*

Mais alors, qu'y faire, que faire face à la douleur que représentent le choix et la culpabilité de contrainte, comment continuer à *vivre* ? Et qu'est-ce que cela peut encore signifier qu'*être humain* quand on a fait un choix *inhumain* – sous l'effet de la contrainte –, un choix qui nous *déshumanise* ? Et comment survivre à cette culpabilité de contrainte qui soumet notre liberté comme notre âme ? Et si on renonce à la culpabilité, ne renonçons-nous pas du même coup à ce qui fonde l'humanité en l'homme et toute société humaine, à savoir à notre *sentiment moral* ? Répondre à cela, trouver une issue pour ceux que la culpabilité de contrainte pétrifie, est un enjeu majeur, tant personnel (*survivre*) que collectif (*pour que survive la démocratie*).

Cette issue est de faire appel à un principe de vie (*principe of life*) capable de nous maintenir dans le vivant même par-delà la mort, par-delà le sacrifice, par-delà l'irrationnel. Ce principe de vie passe par ce que j'ai appelé une *responsabilité juste* qui invite à réfléchir sur les vrais coupables, sur les conditions ou les personnes qui nous ont placés en situation de choix contraint. Retrouver ce principe de vie est aussi ce qui peut nous permettre de maintenir une culpabilité *viable* qui ne soit pas l'effet d'une situation de contrainte qui nous piégerait comme des rats, mais qui au contraire soit l'expression d'un *sentiment moral* retrouvé. Et ainsi, de rester humain parmi les hommes.

En ce sens, la *guilt generation* porte en elle la culpabilité mais elle est aussi celle qui a conscience pleinement et entièrement de ses responsabilités. Et peut-être que c'est grâce à la responsabilité juste, grâce à cette capacité à transformer une culpabilité imposée en culpabilité viable, qu'elle pourra être à l'origine d'un autre monde, d'un *alter-monde*, d'un monde où on n'accepte plus des normes imposées et arbitraire, où on ne se soumet plus, mais où la culpabilité n'est plus une contrainte, parce qu'elle devient l'expression d'une pleine et entière liberté. D'une liberté à conquérir et à protéger en permanence.

Notes

Introduction

1. *Un jour sans fin*, film de Harold Ramis, 1993.

2. *Socialiter*, n° 43, déc. 2020-janv. 2021.

3. *Ibid.*, Florian Cadu, « Culpabilité, le risque de l'overdose ».

4. *Ibid.*, Youness Bousenna, « Comment les industriels exploitent notre mauvaise conscience ».

5. https://www.lemonde.fr/societe/article/2020/12/11/avortement-le-comite-consultatif-national-d-ethique-ne-s-oppose-pas-a-l-allongement-des-delais_6063096_3224.html.

6. Y. Bousenna, art. cit.

Le tri des patients

1. Il s'agit du témoignage de Cyril Goulenok, médecin réanimateur à Massy, qui nous a accordé un entretien.

2. On peut à ce sujet faire mention d'un article publié dans *Le Monde* du 7 décembre 2020, évoquant « un tri qui ne dit pas son nom, c'est le refus d'accès à l'hôpital des patients non atteints du Covid-19. [...] À l'hôpital Saint-Louis à Paris, l'infectiologue Nathalie Castro a vu des malades revenir avec des formes plus avancées de cancer ; des personnes précaires avec des diabètes très décompensés » (https://www.lemonde.fr/planete/article/2020/

12/07/covid-19-a-l-hopital-l-epineuse-question-du-tri-des-patients_6062435_3244.html).

3. https://www.kas.de/fr/titre-unique/-/content/a-qui-ira-le-dernier-ventilateur.

4. https://www.lemonde.fr/idees/article/2020/11/24/sante-mentale-qui-soigner-quand-il-n-y-a-pas-la-possibilite-de-le-faire-pour-tout-le-monde_6060868_3232.html#xtor=AL-32280270.

5. Voici ce que dit ce texte : « Le contexte est celui d'une pandémie mondiale inédite en taille, en extension, en gravite et en mortalité. L'afflux de patients en condition grave, voire en défaillance vitale, pose la question de situations ou l'équilibre entre les besoins médicaux et les ressources disponibles est rompu. Ces patients sévères peuvent arriver d'emblée aux urgences, ou se détériorer après avoir été en secteur d'hospitalisation, ou encore solliciter les urgentistes a partir d'unités de soins de longue durée. Dans un contexte d'exception où les ressources humaines, thérapeutiques et matérielles pourraient être ou devenir immédiatement limitées, il est possible que les praticiens sur-sollicités dans la durée soient amenés à faire des choix difficiles et des priorisations dans l'urgence concernant l'accès à la réanimation. Les principes éthiques de justice distributive, de non-malfaisance, de respect de l'autonomie et de la dignité des patients, quel que soit leur degré de vulnérabilité, ainsi que l'indispensable confidentialité des données médicales sont des guides élémentaires pour la prise en charge de ces patients atteints de formes graves de Covid-19, mais également des autres patients nécessitant des soins de réanimation pour une pathologie non liée au Covid-19. Ce document vise a apporter un soutien conceptuel à toutes les équipes soignantes actuellement engagées dans la gestion de première ligne de la pandémie Covid-19. » https://www.srlf.org/wp-content/uploads/2020/03/ARS-ETHIQUE-Covid-final.pdf.

6. Prioriser, n'est-ce pas, dans une perfide hypocrisie, nécessairement trier ?

7. On peut reprendre le propos de Sartre dans *L'Être et le Néant* qui va dans le même sens : « Ainsi, ne dirons-nous pas qu'un captif est toujours libre de sortir de prison, ce qui serait absurde, ni non plus qu'il est toujours libre de souhaiter l'élargissement, ce qui serait une lapalissade sans portée, mais qu'il est toujours libre de chercher à s'évader (ou à se faire libérer) – c'est-à-dire que, quelle que soit sa condition, il peut projeter son évasion et s'apprendre à lui-même la valeur de son projet par un début d'action » (Gallimard, 1943, p. 529). Il insiste bien sur le fait que, quelle que soit sa condition – et donc quelle que soit notre situation –, il est toujours possible d'agir et donc de choisir.

8. William Styron, *Le Choix de Sophie* [1979], Gallimard, « Folio », 1981. Ajoutons que cette référence, bien qu'issue de la fiction, a souvent fait l'objet d'analyses dans la philosophie (d'ailleurs Styron rend hommage à Hannah Arendt dans ce même ouvrage, p. 296).

9. La citation d'Ovide placée en exergue du chapitre, « *Video meliora, proboque deteriora sequor* » (« Je vois le meilleur, je l'approuve, mais je fais le pire »), rappelle qu'en certaines actions, la raison permet de voir la conduite à tenir – le meilleur – et l'approuve (elle reconnaît que ce comportement est le meilleur à avoir pour le sujet), mais le sujet décide, malgré cela, *librement* de faire le pire. En ce sens, la raison s'oppose à la volonté. On parle à ce propos d'acrasie, de « faiblesse de la volonté ».

10. W. Styron, *op. cit.*, p. 861.

11. *Ibid.*, p. 864-867.

12. *Ibid.*, p. 868.

13. Nous entendons par « principe de vie » le combat pour le vivant et sa préservation, qui peut être juste tout en étant

irrationnel. Le principe de vie rappelle qu'il y a une raison d'agir qui englobe toutes les autres, une raison supérieure qui est le maintien de la vie. En ce sens, la préservation de la vie est principe aussi d'humanité, car il revient à l'humanité tout entière de défendre le vivant, parfois à n'importe quel prix, parfois au prix de la raison et de la morale… parfois au prix de la vie elle-même.

14. Précisons que défendre le vivant, c'est aussi parfois choisir de mourir. Le principe de vie n'est pas un principe qui viserait à choisir à tout prix, la vie (*bios*) au sens biologique du terme, légitimant, par exemple, l'acharnement thérapeutique. Au contraire, le principe de vie est la défense de la vie entendue comme *essence* du sujet humain – ce qui en termes existentialistes renvoie davantage à la notion d'« existence ». Ainsi un auteur peut être mort et continuer à exister à travers ses livres par exemple. Mais à cette seule idée existentialiste d'existence, il faut encore ajouter l'idée de « préservation du vivant » dans un sens plus large. Dès lors, le principe de vie est ce choix qui défend à tout prix le vivant, au sens de l'« existant », sans pour autant que cela puisse se confondre avec une pulsion (l'*éros* chez Freud par exemple) ou une impulsion (l'« élan vital » chez Bergson par exemple), mais un choix « posé », « pensé » à défaut d'être rationnel, et ce, très rapidement.

15. Voir l'article de Frédérique Leichter-Flack, « Covid-19 : à l'hôpital l'épineuse question du "tri" des patients », *Le Monde*, 8 décembre 2020 ; voir également, du même auteur, *Qui vivra, qui mourra*, Albin Michel, 2015.

16. « Covid-19 : à l'hôpital, l'épineuse question du "tri" des patients », art. cit.

17. https://sfar.org/priorisation-des-traitements-de-reanimation-pour-les-patients-en-etat-critique-en-situation-depidemie-de-covid-19-avec-capacites-limitees/.

18. Emmanuel Kant, *Œuvres philosophiques*, t. II, IIe section,

IV, 421, éd. F. Alquié, Gallimard, « Bibliothèque de la Pléiade », 1985, p. 285.

19. *Ibid.*, t. III, « Sur un prétendu droit de mentir par humanité », p. 435.

L'avortement

1. Reine-Marie Paris, *Camille Claudel*, Gallimard, 1984. Elle l'écrit explicitement : « Le drame d'un avortement en 1892 consomme la rupture avec Rodin. ». Voir aussi Paris, R.-M., *Chère Camille Claudel*, Economica, 2012 ; et Paris, R.-M. et Cressent, P., *Camille Claudel*, Economica, 2014.

2. Valérie Bocci-Crechriou, dans un très bel article qu'elle consacre à la pathologie de Camille Claudel, rappelle qu'elle est née en « remplacement » de l'enfant-mort que sa mère a perdu avant elle. Un enfant que la mère chérira au détriment de l'affection qu'elle aurait pu avoir pour sa fille. Puis elle relève combien Camille se trouve protégée par son père contre la parole de sa mère. Quand on a subi les affres d'un tel rejet maternel, comment accéder au désir de maternité ?, *in* « Les figures du traumatisme dans l'œuvre de Camille Claudel », *Cahiers de psychologie clinique*, 2004/2 (n° 23), p. 131-146. DOI : 10.3917/cpc.023.131. URL : https://www.cairn.info/revue-cahiers-de-psychologie-clinique-2004-2-page-131.htm.

3. Paul Claudel, *Mémoires improvisés*, Gallimard, 1954.

4. En tout cas pour le moment…

5. Annie Ernaux dans *L'Événement* revient bien des années après (en 2000) sur l'épisode de son avortement qui a eu lieu en 1963 – alors qu'il n'était pas dépénalisé. La question légale de l'avortement n'est pas le centre de son propos, mais plutôt l'importance qu'a prise cet événement bien que choisi tout au long de son existence : « Depuis des années, je tourne autour de

cet événement de ma vie. Lire dans un roman le récit d'un avortement me plonge dans un saisissement sans images ni pensées, comme si les mots se changeaient instantanément en sensation violente. De la même façon entre par hasard [...] n'importe quelle chanson qui m'a accompagnée durant cette période, me bouleverse. [...] C'est précisément parce que aucune interdiction ne pèse plus sur l'avortement que je peux, écartant le sens collectif et les formules nécessairement simplifiées, imposées par la lutte des années 1970 – "violence faites aux femmes", etc. –, affronter, dans sa réalité, cet événement *inoubliable* » (Gallimard, « Folio », 2000, p. 25-27).

6. Annie Ernaux, précise – même si c'était dans les années 1960 – que « si beaucoup de romans évoquaient un avortement, ils ne fournissaient pas de détails sur la façon dont cela s'était exactement passé. [...] À la bibliothèque j'ai cherché dans le fichier au mot "avortement". Les références ne concernaient que les revues médicales » (*ibid.*, p. 40).

7. On peut citer cette affaire qui agita le milieu universitaire belge en 2017 : le cours de Stéphane Mercier à l'université catholique de Louvain qui utilisait la démonstration philosophique non pas pour, comme il le prétendait, alimenter le débat et permettre à chacun de construire une sa propre réflexion, mais pour faire du prosélytisme contre l'avortement. Ce cours a été suspendu et le chargé de cours a été placé sous le joug d'une procédure disciplinaire. http://media.aclj.org/pdf/Mercier,-la-philosophie-pour-la-vie.pdf.

8. On se souvient de ce qu'on pourrait caractériser comme une fuite – presque un aveu – de Freud devant la sexualité de la femme. Il se contenta d'évoquer « le continent noir » comme un lieu où la pensée ne saurait s'échouer. Cf. Elsa Godart, *Freud à la plage*, Dunod, 2021.

9. https://www.lemonde.fr/societe/article/2020/12/11/avorte

ment-le-comite-consultatif-national-d-ethique-ne-s-oppose-pas-a-l-allongement-des-delais_6063096_3224.html.

10. Gabriel Giroud, dit G. Hardy, *La Question de population et le problème sexuel. L'avortement, sa nécessité, ses procédés, ses dangers*, Librairie scientifique, 1919, p. 283-284.

11. Henri Leridon, Nathalie Bajos, Caroline Moreau *et al.*, « Pourquoi le nombre d'avortements n'a-t-il pas baissé en France depuis 30 ans ? », in *Population et sociétés*, n° 404, décembre 2004 ; en ligne : https://www.ined.fr/fr/tout-savoir-population/chiffres/france/avortements-contraception/avortements/.

12. *Ibid.*

13. Les statistiques administratives des actes médicaux comptabilisent en 2018 209 522 avortements. Voir https://www.vie-publique.fr/en-bref/271151-ivg-224-300-avortements-en-france-en-2018.

14. *Ibid.*

15. In H. Leridon *et al.*, art. cit.

16. https://www.ined.fr/fichier/s_rubrique/18727/pop.et.soc.francais.407.fr.pdf.

17. *Ibid.*

18. Marguerite Duras, « Sublime, forcément sublime Christine V. », *Libération*, 17 juillet 1985.

19. Pour comprendre ce qui se joue alors au bloc pendant cette « aspiration », on peut se reporter au témoignage de Gaëlle de Decker, psychanalyste à l'hôpital, qui a mené une enquête sur l'avortement, sous la forme d'un journal : *Face à l'avortement*, Montpellier, Sauramps Médical, 2015, p. 70-73.

20. https://www.ccne-ethique.fr/sites/default/files/publications/avis001.pdf.

21. *Ibid.*

22. https://spot.colorado.edu/~heathwoo/Phil160,Fall02/

thomson.htm et dans la version française : https://www.cairn.info/revue-raisons-politiques-2003-4-page-3.htm.

23. https://www.lemonde.fr/societe/article/2020/12/11/avortement-le-comite-consultatif-national-d-ethique-ne-s-oppose-pas-a-l-allongement-des-delais_6063096_3224.html.

24. Tom L. Beauchamp et James F. Childress, *Principles of Biomedical Ethics*, New York/Oxford, Oxford University Press, 1994.

25. Aristote, *Éthique à Nicomaque*, liv. II à V ; trad. R. Bodéüs, Gallimard, « Bibliothèque de la Pléiade », 2014.

26. D'après l'expression de Jans Honas, *Le Principe responsabilité* (1979), trad. J. Greisch, Flammarion, 1990, p. 60.

27. En France, le critère de viabilité est au-delà des 22 semaines d'aménorrhée et/ou des 500 grammes minimum du fœtus. Ce critère a fait l'objet d'une circulaire ministérielle en date du 22 juillet 1993 relative à la déclaration des nouveau-nés décédés à l'état civil.

28. Il s'agit de *Qui vivra, qui mourra*, *op. cit.*, et du *Laboratoire des cas de conscience*, Alma éditeur, 2012.

29. F. Leichter-Flack, *Qui vivra, qui mourra*, *op. cit.*, p. 198.

30. *Ibid.*

31. Voir Elsa Godart, *Éthique de la sincérité. Survivre à l'ère du mensonge*, Armand Colin, 2020.

32. Gallimard, 2002.

Les dessous de la culpabilisation

1. Je suis la thèse de Bernard Groethuysen, qui rédigea la préface de la publication française du *Procès* en 1933.

2. Thomas Hobbes, *Autobiographie en vers*, *in* Jean Terrel, *Hobbes. Vies d'un philosophe*, Presses universitaires de Rennes, 2008, p. 134-135. Vers 25 et 26 : « Ma mère en conçut alors

une si grande crainte/Qu'elle accoucha en même temps de deux jumeaux, de moi et de la crainte. »

3. Nicolas Machiavel, *Le Prince*, chapitre XVII intitulé : « De la cruauté et de la clémence, et s'il vaut mieux être aimé que craint ». Machiavel insiste bien sur le fait que, si le prince ne peut se faire ni aimer ni craindre en même temps, alors il est préférable qu'il se fasse craindre mais en faisant bien attention toutefois de ne pas se faire haïr.

4. NKVD : abréviation de *Narodniï Komissariat Vnoutrennikh Diel* ou Commissariat du peuple aux Affaires intérieures, police politique qui avait pour fonction de surveiller et de maintenir l'ordre en contrôlant la population.

5. À l'heure où j'écrivais ce chapitre, en septembre 2020, deux figures de la dissidence venaient d'être arrêtées à Hong Kong (Agnes Chow, figure de proue de la jeunesse, et Jimmy Lai, grand patron de la presse d'opposition).

6. Je me trouvais à Shanghai en septembre 2019 : la ville, qui compte plus de 24 millions d'habitants, est réputée pour sa sécurité mais on y dénonce une caméra pour deux habitants. Et, en plein cœur des manifestations de Hong Kong, la censure ne permettait pas d'accéder aux informations internationales : je n'avais pas la possibilité de communiquer, j'étais surveillée en permanence.

7. Voir Frédéric Lemaître, « Avec sa loi de sécurité nationale, Pékin a atteint son objectif : faire régner la peur à Hong Kong… et au-delà », lemonde.fr : https://www.lemonde.fr/international/article/2020/07/03/avec-sa-loi-de-securite-nationale-pekin-a-atteint-son-objectif-faire-regner-la-peur-a-hongkong-et-au-dela_6045033_3210.html#xtor=AL-32280270.

8. « Le siècle de la peur », paru dans *Combat* en 1948 ; à consulter sur https://www.parisglobalforum.org/2020/06/12/albert-camus-le-siecle-de-la-peur/.

9. *Ibid.*

10. Mon propos n'est pas de juger ni de critiquer la décision du président de la République – même si je suis en profond désaccord avec la gestion politique, économique, humaine de cette crise par le gouvernement.

11. Comme le note Laurent Fedi dans l'introduction de son essai *La Culpabilité. Essai de démystification* : « Peu de philosophes se sont risqués à porter sur la culpabilité un regard "déchristianisé", parce que la plupart étaient hantés par le problème du mal, qui fut, plus d'un millénaire, un des grands problèmes de la métaphysique occidentale » (Kimé, 2019, p. 21).

12. D'après le *Dictionnaire de la langue philosophique*, André Lalande, PUF, 1978.

13. Angelo Hesnard, *Morale sans péché*, PUF, 1954, p. 88. Voir aussi du même auteur *L'Univers morbide de la faute*, PUF, 1949.

14. Gregory Bateson et l'école de Palo Alto, « Towards a Theory of Schizophrenia », *Behavioral Science*, vol. 1, 1956, p. 251-264.

15. Vincent de Gaulejac et Fabienne Hannique, *Le Capitalisme paradoxant*, Seuil, 2015.

16. Déjà soulignées par l'école de Palo Alto, comme l'explique Vincent de Gaulejac : « Cette situation, nous l'avons diagnostiquée à IBM dès les années 70 », cité dans un article publié dans *Télérama* du 15 juillet 2020 : https://www.telerama.fr/idees/travail-peut-on-resister-aux-injonctions-paradoxales-sans-peter-un-boulon,126025.php.

17. « Il faut pouvoir mettre à distance la violence institutionnelle par l'humour ou la dénonciation. Rire entre collègues de sa "médaille en chocolat", de "chiffres hystériques" ou d'"évaluation au doigt mouillé". Désinvestir psychiquement le travail ou réinvestir des métiers qui font sens. Vénérer la lenteur plutôt

que la vitesse, préférer la tranquillité au mouvement, renoncer à vouloir se dépasser... », précise Vincent de Gaulejac (*ibid.*).

18. « Tous les jours, des individus résistent à cette mise en tension. Ces héros obscurs refusent la course narcissique à la performance et à la reconnaissance, ils inventent d'autres modes d'existence, entre petits boulots et marginalités installées. Mais ces réactions restent encore invisibles », remarque cependant Vincent de Gaulejac (*ibid.*).

19. Paul Ricœur, *Philosophie de la volonté*, II. *Finitude et culpabilité* (1960), Aubier, 1980.

20. Paul Ricœur, « Culpabilité tragique et culpabilité biblique », *Revue d'histoire et de philosophie religieuses*, 33-34, 1953, p. 285-286.

21. Jean-François Lyotard avait déjà proclamé « la mort des grands récits » en 1979 (voir *La Condition postmoderne*, Éditions de Minuit, 1979). Notre monde a basculé dans de nouvelles formes de paradigmes et de croyances. Dans une conception immanente aussi.

22. Dans *Le Chrysanthème et le Sabre* (1946, trad. L. Mécréant, Picquier poche, 1995), elle insistait sur l'importance de la culture japonaise de la dette – une dette d'origine, presque existentielle – qui s'appelle le *on*. Le *on* représente, par exemple, la dette que l'on a envers ses parents. Et qu'il est impossible de rembourser, comme le dit un proverbe japonais : « On ne rembourse jamais un dix millième du *on* » (p. 124). La culpabilité qui lui est associée est donc très marquée : ainsi oblige-t-elle à « s'acquitter de ses obligations » envers « l'homme-*on* » (p. 139).

23. *Les Grecs et l'Irrationnel* (1951), Flammarion, 1977.

24. L'ensemble du corpus freudien porte la trace d'une façon ou d'une autre de la culpabilité, qu'elle soit individuelle ou collective, au cœur de la formation de nombreux symptômes. On ne citera ici que la très belle analyse que Freud fait de la pièce

d'Ibsen, *Rosmersholm*, dans laquelle il montre que l'héroïne, Rebekka, porte en elle la culpabilité féroce de trois secrets dont le troisième renvoie précisément à la problématique œdipienne que nous citons plus loin, puis qu'il s'agit de l'amour qu'elle porte à un homme dont elle ne sait pas qu'il est son père.

25. Sigmund Freud, « L'Homme aux rats », in *Cinq psychanalyses* (1909), PUF, 2014.

26. S. Freud, « Deuil et mélancolie » (1917), in *Œuvres complètes*, PUF, 2005.

27. Voir pour exemple « Ceux qui échouent du fait du succès. Quelques types de caractères dégagés par le travail psychanalytique », in S. Freud, *L'Inquiétante Étrangeté et autres essais*, Gallimard, 1985.

28. Dans *Totem et tabou*, Freud développe l'idée du mythe du meurtre du père et de la horde primitive. Il envisage alors au fondement de toute société humaine un interdit, celui de l'inceste (avec la mère), et un désir de toute-puissance conduisant au meurtre du chef de la horde (le père). Or, ce meurtre va entraîner une forte culpabilité à la base de l'élaboration de l'interdit et donc des lois. Freud dira dans la quatrième partie de *Totem et tabou*, dont les quatre chapitres ont été publiés successivement dans la revue *Imago* entre 1912 et 1913 : « C'est ainsi que le *sentiment de culpabilité* du fils a engendré les deux tabous fondamentaux du totémisme qui, pour cette raison, devaient se confondre avec les deux désirs réprimés du *complexe d'Œdipe* [...]. Le père est mort, et puisqu'il en est ainsi, il n'y a pratiquement plus rien à faire. Mais l'autre tabou, l'interdiction de l'inceste, avait aussi une grande importance pratique. » S. Freud, *Totem et tabou*, Payot, 1986, p. 165.

29. Karl Jaspers, *La Culpabilité allemande* (1948), traduit par J. Hersch, Éditions de Minuit, 1990.

30. *Ibid.*, p. 46-47.

31. *Ibid.*

32. *Ibid.*

33. *Ibid.*

34. *Ibid.*

35. Elsa Godart, *Je selfie donc je suis. Les métamorphoses du moi à l'ère du virtuel*, Albin Michel, 2016.

36. Pour le sociologue Raymond Boudon, le *politiquement correct* apparaît comme un instrument au service de la tyrannie des minorités. Ainsi, « contre l'idée reçue qui tend à imputer le politiquement correct à la tyrannie de la majorité, il en résulte en réalité plutôt de la tyrannie des minorités. On le vérifie à ce que sur bien des sujets, le politiquement correct heurte en réalité l'opinion. Car il est le fait davantage de minorités actives et de groupes d'influence que de l'opinion elle-même », propos recueillis lors d'une conférence prononcée le 20 septembre 2010, « Que signifie donner le pouvoir au peuple ». Raymond Boudon justifie ce phénomène par l'« effet Olson », qui désigne le fonctionnement par lequel « une minorité organisée et décidée peut imposer ses vues à un groupe plus large mais désorganisé et au sein duquel chacun fait le raisonnement implicite que les autres parmi son groupe s'occuperont de résister pour lui ».

37. Voir à ce sujet les travaux de Christophe Guilluy in *No Society : la fin de la classe moyenne occidentale*, Flammarion, 2018.

38. Voir https://www.lexpress.fr/culture/art/l-origine-du-monde-interdit-sur-facebook_963423.html.

39. Samuel Laurent, *Twitter va-t-il tuer la démocratie ?*, Les Arènes, 2020.

40. Voir à ce sujet Vladimir Jankélévitch, *La Mauvaise Conscience* (1933), Flammarion, 1966. Dans cet ouvrage magistral, le philosophe analyse l'expérience du remords comme manifestation de notre liberté. Il aura ce très beau mot : « Heureuse la malheureuse conscience, car son malheur n'est qu'une feinte,

une ruse profonde de la vie ; heureuse la mauvaise conscience, elle qui connaîtra la joie violente de renaître… »

41. On peut relever, à titre d'illustration, la campagne de presse de la chaîne CNEWS affichée dans les rues en juin 2021. On pouvait y lire : « La liberté d'expression est-elle une espèce en voie de disparition ? » L'idée implicite est que, ne pouvant que défendre la liberté d'expression, on aurait le droit de tout dire… et de tout entendre. Outrepassant la responsabilité incombant à un média d'informations de grande écoute, CNEWS insiste au contraire sur cette mécanique de la rhétorique, si bien que le lecteur ou le spectateur n'a plus d'autre possibilité que de se soumettre à ce type de discours. Christine Kelly, journaliste de la chaîne, dans un tweet du 6 juin 2021, commentant ces panneaux publicitaires, interrogeait : « A-t-on le droit de pensée/er ? A-t-on le choix de pensée/er ? » On comprend à quel point le spectateur est pris en otage par de tels discours et comment il se retrouve en situation de choix contraint : défendre la liberté d'expression ou devoir accepter la présence de discours malsains.

42. Étienne de La Boétie, *Discours de la servitude volontaire*, présentation par Simone Goyard-Fabre, Flammarion, 2016, p. 113.

43. *Ibid.*, p. 116.

44. *Ibid.*, p. 72-73.

45. *Ibid.*, p. 119 et 136.

46. *Ibid.*

47. Martin Luther est l'auteur du traité *Du serf arbitre* (1525) – réponse acerbe à la position d'Érasme qui, lui, défendait le libre arbitre. Chantre de la prédestination, il estime que l'homme n'est pas à l'origine de ses actes, mais qu'il est subordonné à une volonté supérieure à la sienne, celle de Dieu.

De la domination domestique à la soumission ordinaire

1. Article du 12 août 2020 dans *Le Parisien* : https://www.leparisien.fr/val-d-oise-95/pontoise-l-inlassable-combat-de-yamina-apres-20-ans-de-violences-conjugales-12-08-2020-8366958.php.

2. Reprenons un extrait de cette fameuse théorie : « Le maître est la conscience qui est pour soi, et non plus seulement le concept de cette conscience. Mais c'est une conscience étant pour soi, qui est maintenant en relation avec soi-même par la médiation d'une autre conscience [...]. Le maître se rapporte à ces deux moments, à une chose comme telle, l'objet du désir, et à une conscience à laquelle la choséité est l'essentiel. Le maître est : 1) comme concept de la conscience de soi, rapport immédiat de l'être-pour-soi, mais en même temps il est : 2) comme médiation ou comme être-pour-soi, qui est pour soi seulement par l'intermédiaire d'un Autre et qui, ainsi, se rapporte : a) immédiatement aux deux moments, b) médiatement à l'esclave par l'intermédiaire de l'être indépendant ; car c'est là ce qui lie l'esclave, c'est là sa chaîne dont celui-ci ne peut s'abstraire dans le combat ; et c'est pourquoi il se montre dépendant, ayant son indépendance dans la choséité. Mais le maître est la puissance qui domine cet être, car il montre dans le combat que cet être valait seulement pour lui comme une chose négative ; le maître étant cette puissance qui domine cet être. Pareillement, le maître se rapporte médiatement à la chose par l'intermédiaire de l'esclave ; l'esclave comme conscience de soi en général, se comporte négativement à l'égard de la chose et la supprime ; mais elle est en même temps indépendante pour lui, il ne peut donc par son acte de nier venir à bout de la chose et l'anéantir ; l'esclave la transforme donc par son travail. Inversement, par cette médiation le rapport immédiat devient pour le maître la pure négation de cette même chose ou la jouissance ; ce qui n'est

pas exécuté par le désir est exécuté par la jouissance du maître ; en finir avec la chose ; mais le maître, qui a interposé l'esclave entre la chose et lui, se relie ainsi à la dépendance de la chose, et purement en jouit. Il abandonne le côté de l'indépendance de la chose à l'esclave, qui l'élabore » (G.W.F. Hegel, *La Phénoménologie de l'esprit* [1806-1807], t. I, trad. J. Hyppolite, Aubier-Montaigne, 1941, p. 161-162).

3. Selon un rapport d'enquête publié en 2017 par l'Observatoire national de la délinquance et des réponses pénales (ONDRP) dans le cadre de la vie et de la sécurité, il est largement admis que « les femmes sont beaucoup plus concernées que les hommes ». En 2019, on relève 405 000 victimes par an en moyenne entre 2011 et 2017 ; 68 % de ces victimes sont des femmes. Dans le cas d'homicide conjugal, une victime sur cinq seulement est un homme, et c'est souvent un ex-bourreau. Ce rapport peut être consulté en ligne : https://mobile.interieur.gouv.fr/fr/Interstats/Actualites/Rapport-d-enquete-cadre-de-vie-et-securite-20172.

4. M. Duras, « Sublime, forcément sublime Christine V. », art. cit.

5. Quelques slogans explicites : « Monsieur, vous qui aimez la bonne cuisine, offrez-lui une super-cocotte » (Seb, 1950), « Pour elle, un Moulinex ; pour lui, des bons petits plats » (Moulinex, 1960), ou « Moulinex libère la femme » (Moulinex, 1970) ; voir : http://www.culturepub.co.il/la-femme-dans-la-publicite-au-fil-des-annees/.

6. Il a noté lors de ses observations que le développement moral présentait plusieurs caractéristiques : séquentiel (il se développe par paliers), irréversible, intégratif (un individu ayant atteint un stade peut comprendre les raisonnements des stades précédents), transculturel, et parfois stagnant (tous les individus ne franchissent pas toutes ces étapes).

7. Trad. fr. : *Une voix différente*, Flammarion, 2019.

8. Voir : https://www.nouvelobs.com/la-vie-materielle/20200430.OBS28178/pourquoi-attend-on-des-femmes-qu-elles-cousent-des-masques-gratuitement.html.

9. https://eve.unige.ch/files/5014/7876/7952/RevuePetiteEnfance-Juillet2016-DOSSIER_Theurel_Roux_Gentaz_Culpabilite.pdf.

10. https://fr.wikipedia.org/wiki/Gaslighting, site consulté le 10/06/2021.

11. Voir https://poosh.com/how-to-navigate-mom-guilt/.

12. On peut consulter à ce sujet l'ouvrage de deux psychothérapeutes américains qui ont cherché à comprendre où résidait la source du sentiment d'insatisfaction chronique. Si leur analyse reste superficielle et de l'ordre du développement personnel, le titre de l'ouvrage n'en est pas moins à lui seul emblématique de ce que nous décrivons : *Encore plus, jamais assez*, de Laurie Ashner et Mitch Meyerson, Béliveau éditeur, 2019.

13. Voir Élisabeth Cadoche et Anne de Montharlot, *Le Syndrome d'imposture*, Les Arènes, 2021.

14. D'après un article sur le sujet paru dans *Le Journal des femmes*, le 15 juin 2020 : https://sante.journaldesfemmes.fr/fiches-sante-du-quotidien/2642829-syndrome-imposteur-definition-test-femme-homme-symptomes-causes-solutions/.

L'illusion politique ou la fabrique des coupables

1. Phrases relevées dans la presse ; voir : https://www.ladepeche.fr/article/2018/09/17/2870297-maladresse-ou-arrogance-les-dix-phrases-choc-d-emmanuel-macron.html.

2. Dans *L'Être et le Néant*, Sartre précise : « Je suis responsable de tout, en effet, sauf de ma responsabilité même car je ne suis pas le fondement de mon être. » Et d'ajouter un peu plus loin :

« Je suis condamné à être intégralement responsable de moi-même » (Gallimard, 1943, p. 599-600).

3. http://classiques.uqac.ca/classiques/Weber/ethique_protestante/Ethique_protestante.pdf, p. 116.

4. *Ibid.*, p. 119.

5. Nicolas Grimaldi, *Les Nouveaux Funambules*, Grasset, 2016, p. 136.

6. Jacques Ellul, *L'Illusion politique*, La Table ronde, 2004, p. 143.

7. Jacques Ellul précise : « Il n'y a plus aucune différence, en ce sens, entre un régime démocratique et un régime monarchique. D'une part, le dictateur est tenu de se référer sans cesse à l'opinion, de s'appuyer sur elle, et de la manipuler de telle façon qu'il donne à tous l'impression de n'agir que dans la mesure où le peuple l'y pousse et l'y contraint » (*ibid.*).

8. *Ibid.*

9. *Ibid.*

10. Selon le titre de l'ouvrage de Byung-Chul Han, PUF, 2017.

11. Sur la question de l'indifférence contemporaine relative à la vérité, se référer à notre essai *Éthique de la sincérité. Survivre à l'ère du mensonge*, Armand Colin, 2020.

12. Voir à ce sujet la tribune collective intitulée « Faisons de cette crise sanitaire l'occasion de renforcer la vitalité de notre démocratie », publiée dans *Le Monde* du 4 décembre 2020 sous l'impulsion d'Emmanuel Hirsch, à laquelle j'ai apporté mon soutien : https://www.lemonde.fr/idees/article/2020/12/04/faisons-de-cette-crise-sanitaire-l-occasion-de-renforcer-la-vitalite-de-notre-democratie_6062117_3232.html

13. Expression utilisée lors d'un live sur YouTube organisé par Vincent Cespedes, le 6 septembre 2020 à 20 h 20.

14. Jacques Ellul, *op. cit.*, p. 218-219.

De la perversion médiatique à la violence des réseaux sociaux

1. Voir : https://www.parismatch.com/Culture/Medias/Polemique-film-Enorme-Vincent-Cassel-accuse-Quotidien-de-proces-d-intention-1701668.

2. https://www.franceculture.fr/emissions/le-billet-politique/le-billet-politique-du-lundi-07-septembre-2020.

3. *Ibid.*

4. *Ibid.*

5. *Thread* du 18/98/2020 à lire sur le profil Tweeter de Dorothée Barba. https://twitter.com/dobarba/status/12956539 21646694402?s=21.

6. https://fr.wikipedia.org/wiki/Cancel_culture, site consulté le 11septembre 2020.

7. https://www.cbc.ca/radio/q/blog/have-we-hit-peak-cancel-culture-1.4944521.

8. https://www.huffingtonpost.fr/entry/la-cancel-culture-est-elle-vraiment-un-phenomene-nouveau_fr_5f199123c5b6f2f6c9f27909.

9. Todd Rose, *La Tyrannie de la norme*, Belfond, 2016, p. 254.

10. D'ailleurs, il conclut ce livre sur l'espoir de retrouver le « rêve américain », qui n'est ni plus ni moins que celui de l'hyperindividualisme : voir *ibid.*, p. 255.

11. Todd Rose note encore : « Et si je vous disais que cette forme de mesure – la moyenne – a *presque toujours* été erronée ? Que lorsqu'il s'agit de comprendre les individus, il y a de fortes chances qu'elle donne des résultats aussi faux que fallacieux ? » (*ibid.*, p. 23).

12. http://www.fau.edu/newsdesk/articles/self-bullying-study.php.

13. https://www.liberation.fr/france/2017/11/24/autoflagellation-numerique-un-nouveau-mal-adolescent_1611509.

14. *Ibid.*

15. https://www.liberation.fr/planete/2013/09/02/cameron-incrimine-des-sites-abjects-apres-le-suicide-d-une-adolescente_928954.

Le tragique amoureux et la culpabilité de contrainte

1. Pierre Corneille, *Le Cid*, I, 6.
2. William Styron, *op. cit.*, p. 736.
3. Duras a ce mot si juste à propos des mères qui tombent enceintes et doivent assumer une maternité non désirée : « Et dans ce cas aucune morale, aucune sanction ne leur fera reconnaître que cet enfant est le leur. Il faut les laisser tranquilles avec leurs histoires, ne pas les insulter, les frapper » (« Sublime, forcément sublime Christine V. », art. cit.)
4. Pour exemple, *Les Narcisse. Ils ont pris le pouvoir* de Marie-France Hirigoyen, La Découverte, 2019. L'autrice parle bien d'une « narcissisation de la société ».
5. S. Freud, *Pour introduire le narcissisme* [1914], Petite Bibliothèque Payot, 2012, p. 78.
6. D'ailleurs, Freud reprendra dans le même article les propos d'Adler : « A. Adler a eu raison de faire valoir que la perception par quelqu'un de ses propres infériorités d'organe éperonne la vie psychique, lorsqu'elle a de la ressource, et accroît son rendement par la voie de la surcompensation » (*ibid.*).
7. S. Freud, *Pour introduire le narcissisme*, *op. cit.*, p. 82.

Les injonctions de bonne santé : corps et esprit

1. https://www.who.int/fr/about/who-we-are/constitution.
2. Gérard Cornu, *Vocabulaire juridique*, « Responsabilité », PUF, 2012.
3. *Ibid.*, cité par Anne Laude, « Le patient entre responsabilité et responsabilisation », *Les Tribunes de la santé*, 2013/4 (n° 41),

p. 79-87 ; en ligne : https://www.cairn.info/revue-les-tribunes-de-la-sante1-2013-4-page-79.htm.

4. En ce sens, M. Girer, « La responsabilisation du patient en sa qualité d'assuré social, un concept vertueux », *RGDM*, 2011, p. 45 et suiv., spéc. p. 48.

5. Pour approfondir cette idée, se référer à l'article de Gérard Reach , « Sommes-nous responsables de notre santé ? », *Les Cahiers du Centre Georges-Canguilhem*, 2010/1 (n° 4), p. 193-214 ; en ligne : https://www.cairn.info/revue-les-cahiers-du-centre-georges-canguilhem-2010-1-page-193.htm.

6. *Ibid.*

7. Aristote, *Éthique à Nicomaque*, in *Œuvres*, trad. sous la dir. de R. Bodeüs, Gallimard, « Bibliothèque de la Pléiade », 2014, IX, 1166 b, p. 215 : « C'est pourquoi, par extension, on peut dire que c'est une amitié fainéante, mais qui avec le temps et lorsqu'elle arrive à entraîner une fréquentation assidue, devient l'amitié véritable. »

8. https://fr.wikipedia.org/wiki/Consentement_libre_et_%C3 %A9clair%C3 %A9#:~:text=En%20droit%20de%20la%20sant%C3 %A9,risques%20d'une%20conduite%20th%C3 %A9rapeutique.

9. Bien entendu, la question de « librement » y consentir pose toujours problème.

10. https://www.unige.ch/actualites/archives/2014/samia-hurst/.

11. https://www.amnesty.fr/liberte-d-expression/actualites/une-note-pour-trier-les-chinois.

12. Michel Foucault, *Surveiller et punir*, Gallimard, 1993.

13. https://www.vie-publique.fr/loi/20594-sante-psychiatrie-droit-protection ; voir aussi : file:///Users/elsagodart/Downloads/Fiche-pratique-DAJ-Synthese-loi-5-juillet-2011-Les-apports-de-la-Loi-de-2011.pdf.

14. https://www.collectifpsychiatrie.fr/?p=3236.

15. *Ibid.*

16. *Ibid.*

17. *Ibid.*

18. *Ibid.*

19. *Ibid.* Voir les références suivantes citées par Mathias Couturier : A. Golse, « De la médecine de la maladie à la médecine de la santé », *in* P. Artières et E. Da Silva (dir.), *Michel Foucault et la médecine*, Kimé, 2001, p. 273 ; « Vers une médecine de la santé », *Mana*, n° 6, 1999, p. 291 ; pour le cas particulier de la psychiatrie, A. Golse, « Le lien psychiatrique comme lien social généralisé. Analyse sociologique des transformations récentes de la psychiatrie publique », thèse de sociologie, Caen, 2000, en particulier p. 278 et suiv.

20. Michel Foucault, « La société disciplinaire en crise », 1978, in *Dits et écrits*, t. II, Gallimard, 2001, p. 532.

21. Gilles Deleuze *Pourparlers*, Éditions de Minuit, 1990, particulièrement le « Post-scriptum sur les sociétés de contrôle », p. 240.

22. M. Couturier, art. cit.

23. R.H. Thaler, C. Sunstein, *Nudge. La méthode douce pour inspirer la bonne décision*, Vuibert, 2012.

Imprescriptible et responsabilité

1. D'après le Littré consulté en ligne le 15 novembre 2020 : https://www.littre.org/definition/prescription.

2. Voir notre ouvrage, *Le Sentiment d'humanité*, Ovadia, 2014.

3. Blaise Pascal, *Pensées*, éd. L. Brunschvicg, Classiques Hachette, n° 277, 1963, p. 458.

4. Nous rappelons l'acrasie d'Ovide (« *Video meliora proboque, deteriora sequor* ») évoquée précédemment.

Être « humain »

1. Quand le travail de la terre rappelle un travail de courbure et qu'il s'agit de se baisser pour cultiver la terre.

2. Nous pensons par exemple au film *C'est arrivé près de chez vous*, de Rémy Belvaux, André Bonzel et Benoît Poelvoorde (1992) : il met en scène, sous la forme d'un faux documentaire, un tueur professionnel qui se révélera totalement déshumanisé. Il n'est pas simple de mettre en scène la *déshumanisation*, ce film y arrive très bien. Une scène particulièrement abjecte souligne l'insensibilité humaine du tueur : il invite les reporters qui tournent un film à son sujet à boire un « Petit Grégory », une « larme de gin », puis une « rivière de tonic », dans laquelle on jette « la p'tite victime » : une olive attachée par une ficelle à un morceau de sucre… allusion choquante à l'affaire du petit Grégory.

3. M. Duras, « Sublime, forcément sublime Christine V. », art. cit.

4. *Ibid.*

5. Victor Hugo, « La conscience », in *La Légende des siècles.*

Conclusion

1. G. Deleuze, « Post-scriptum sur les sociétés de contrôle », *Pourparlers*, *op. cit.* ; Michael Hardt et Antonio Negri, *Empire*, Exils, 2000.

Bibliographie

Artières, P., Da Silva, E. (dir.), *Michel Foucault et la médecine*, Kimé, 2001.

Aristote, *Éthique à Nicomaque*, trad. R. Bodéüs, Gallimard, « Bibliothèque de la Pléiade », 2014.

Ashner, L., Meyerson, M., *Encore plus, jamais assez*, Béliveau éditeur, 2019.

Beauchamp, T.L., Childress J.F., *Principles of Biomedical Ethics*, Oxford University Press, 1994.

Benedict, R., *Le Chrysanthème et le Sabre*, Picquier, « Poche », 1995.

Bernays, E., *Propaganda* (1928), trad. O. Bonis, préface de R. Baillargeon, Zones, 2007.

Buzzati, D., *Le K*, Pocket, 2004.

Cadoche, E., Montarlot, A. de, *Le Syndrome d'imposture*, Les Arènes, 2021.

Camus, A., *Œuvres*, Gallimard, 2013.

Claudel, C., *Correspondance*, Gallimard, 2014.

Claudel, P., *Mémoires improvisées*, Gallimard, 1954.

Corneille, P., *Le Cid*, Gallimard, « Folio », 1999.

Cornu, G., *Vocabulaire juridique*, PUF, 2012.

Decker (de), G., *Face à l'avortement*, préface de B. Hédon, Sauramps Médical, 2015.

Deleuze, G., *Pourparlers*, Minuit, 1990.
Diel, P., *Culpabilité et lucidité*, Payot, 2007.
Dodds, E.R., *Les Grecs et l'Irrationnel* (1951), trad. M. Gibson, Flammarion, 1977.
Ellul, J., *L'Illusion politique*, La Table ronde, 2004.
Erman, M., *Aimons-nous encore la liberté ?*, Plon, 2019.
Ernaux, A., *L'Événement*, Gallimard, « Folio », 2000.
Fedi, L., *La Culpabilité. Essai de démystification*, Kimé, 2019.
Foucault, M., *Surveiller et punir*, Gallimard, 1993.
–, *Dits et écrits*, Gallimard, 2001.
Freud, S., *L'Inquiétante Étrangeté et autres essais*, Gallimard, 1985.
–, *Totem et tabou*, Payot, 1986.
–, *Malaise dans la civilisation* (1930), trad. A. Weill, préface de L. Laufer, Payot, 2010.
–, *Deuil et mélancolie*, Payot, 2011.
–, *Pour introduire le narcissisme*, Payot, 2012.
–, *Cinq psychanalyses*, PUF, 2014.
Gauchet, M., *La Démocratie contre elle-même*, Gallimard, 2002.
Godart, E., *Le Sentiment d'humanité*, Ovadia, 2014.
–, *Je selfie donc je suis*, Albin Michel, 2016.
–, *Éthique de la sincérité*, Armand Colin, 2020.
–, *Freud à la plage*, Dunod, 2021.
Gilligan, C., *Une voix différente*, Flammarion, 2019.
Grimaldi, N., *Les Nouveaux Somnambules*, Grasset, 2016.
Hardt, M., Negri, A., *Empire*, Exils, 2020.
Hardy, G., *La Question de population et le problème sexuel*, Librairie scientifique, 1919.
Hegel, G.W.F., *La Phénoménologie de l'esprit*, Aubier Montaigne, 1941.
Hesnard, A., *L'Univers morbide de la faute*, PUF, 1949.
–, *Une morale sans péché*, PUF, 1954.

Hirigoyen, M.-F., *Les Narcisse. Ils ont pris le pouvoir*, La Découverte, 2019.
Hugo, V., *Les Chants du crépuscule* (*Les Rayons et les Ombres*), Gallimard, 2002.
–, *La Légende des siècles*, Gallimard, 2002.
Jankélévitch, V., *La Mauvaise Conscience* (1933), Flammarion, 1966.
Jaspers, K., *La Culpabilité allemande* (1948), trad. J. Hersch, préface de P. Vidal-Nacquet, Minuit, 1990.
Jonas, H., *Le Principe responsabilité*, trad. J. Greisch, Flammarion, 1990.
Kafka, F., *Le Procès*, Gallimard, « Folio », 1987.
Kant, E., *Œuvres complètes*, vol. 1, 2, 3, F. Alquié (dir.), Gallimard, « Bibliothèque de la Pléiade », 1980, 1985, 1986.
La Boétie, É. de, *Discours de la servitude volontaire*, Flammarion, 2016.
Laugier, S., *Tous vulnérables ?*, Payot, 2012.
Laurent, S., *Twitter va-t-il tuer la démocratie ?*, Les Arènes, 2020.
Leichter-Flack, F., *Le Laboratoire des cas de conscience*, Alma, 2012.
–, *Qui vivra, qui mourra*, Albin Michel, 2015.
Luther, M., *Du serf arbitre* (1525), trad. G. Lagarrigue, Gallimard, 2001.
Lyotard, F., *La Condition postmoderne*, Minuit, 1979.
Machiavel, N., *Le Prince*, Gallimard, « Folio », 2007.
Maurin, E., *La Fabrique du conformisme*, Seuil, 2015.
Mill, J.S., *L'Utilitarisme*, trad. G. Tanesse, Flammarion, 2018.
Müller, J.-W., *Qu'est-ce que le populisme ?*, trad. F. Joly, Premier Parallèle, 2016.
Ovide, *Métamorphoses*, Gallimard, « Folio », 1992.
Paris, R.-M., *Chère Camille Claudel*, Economica, 2012.
–, Cressent, P., *Camille Claudel*, Economica, 2014.

Pascal, B., *Pensées*, éd. L. Brunschvicg, Hachette, 1963.
Ricœur, P., *Philosophie de la volonté*, II, *Finitude et culpabilité* (1960), Aubier, 1980.
Robertson, E., *Les Grecs et l'Irrationnel*, Flammarion, 1965.
Rose, T., *La Tyrannie de la norme*, Belfond, 2016.
Sandel, M. J., *Essays on Morality in Politics*, Harvard University Press, 2005.
Sarthou-Lajus, N., *La Culpabilité*, Armand Colin, 2002.
Sartre, J.-P., *L'Être et le Néant*, Gallimard, 1943.
Solemne, M., Leloup, J.-Y., Naquet, P. *et al.*, *Innocence et culpabilité*, Albin Michel, 2007.
Sophocle, *Antigone*, trad. M.-C. Boutang, préface de G. Steiner, Hermann, 1999.
Styron, W., *Le Choix de Sophie* [1976], trad. M. Rambaud, Gallimard, 1981.
Terrel, J., *Hobbes. Vies d'un philosophe*, PUR, 2008.
Théry, I., *Des humains comme les autres*, Éditions de l'EHESS, 2010.
–, Leroyer, A.-M., *Filiation, origines, parentalité*, Odile Jacob, 2014.
Weber, M., *L'Éthique protestante et l'esprit du capitalisme* (1905), Gallimard, 2004.
–, *La Domination*, trad. I. Kalinowski, La Découverte, 2015.
Williams, B., *L'Éthique et les limites de la philosophie* [1985], trad. M.-A. Lescourret, Gallimard, 1990.
Zeh, J., *La Fille sans qualité* [2004], trad. B. Hébert et J.-C. Colbus, Actes Sud, 2007.

Articles

AFP-L'Express, « *L'Origine du monde* interdit sur Facebook », *L'Express*, 17 février 2011.

Bateson, G., « Towards a Theory of Schizophrenia », *Behavioral Science*, vol. 1, 1956.

Bentata-Wiener, O., « Santé mentale, qui soigner quand il n'y a pas la possibilité de le faire pour tout le monde ? », *Le Monde*, 24 novembre 2020.

Bocci-Créchiou, V., « Les figures du traumatisme dans l'œuvre de Camille Claudel », *Cahiers de psychologie clinique*, 2004/2.

Brioulet, C., « Maladresse ou arrogance : les dix phrases choc d'Emmanuel Macron », *La Dépêche*, 17 septembre 2018.

Camus, A., « Le siècle de la peur », *Combat*, 1948.

Cazi, E., Lemarié A., « À l'hôpital, l'épineuse question du tri des patients », *Le Monde*, 7 décembre 2020.

Collectif, « Faisons de cette crise sanitaire l'occasion de renforcer notre démocratie », *Le Monde*, 4 décembre 2020.

Collectif, « Faut-il se sentir coupable ? », dossier, *Socialiter*, n° 43, décembre 2020-janvier 2021.

Cordier, S., « Avortement : le Comité consultatif national d'éthique ne s'oppose pas à l'allongement des délais », *Le Monde*, 11 décembre 2020.

Duras, M., « Sublime, forcément sublime Christine V. », *Libération*, 17 juillet 1985.

Jarvis Thomson, J., « Une défense de l'avortement », *Raisons politiques*, n° 12, 2003/4.

Laude, A., « Le patient entre responsabilité et responsabilisation », *Les Tribunes de la santé*, n° 41, 2013/4.

Lemaître, F., « Avec sa loi de sécurité nationale, Pékin a atteint son objectif : faire régner la peur à Honk Kong… et au-delà », *Le Monde*, 3 juillet 2020.

Leridon, H., Bajos, N., Moreau, C. *et al.*, « Pourquoi le nombre d'avortements n'a-t-il pas baissé en France depuis 30 ans ? », *Population et Sociétés*, n° 404, décembre 2004.

Ottavi, M., « Autoflagellation numérique », *Libération*, 24 novembre 2017.
« Pontoise : L'inlassable combat de Yamina après vingt ans de violences conjugales », *Le Parisien*, 12 août 2020.
Ranc, A., « Pourquoi attend-on des femmes qu'elles cousent des masques gratuitement ? », *L'Obs*, 30 avril 2020.
Reach, G., « Sommes-nous responsables de notre santé ? », *Les Cahiers du centre Georges-Canguilhem*, n° 4, 2010/1.
Ricœur, P., « Culpabilité tragique et culpabilité biblique », *Revue d'histoire et de philosophie religieuses*, n° 33-34, 1953.
Rousset, M., « Travail : Peut-on résister aux injonctions paradoxales sans péter un boulon ? », *Télérama*, 15 juillet 2020.
Says, F., « Le billet politique : Plus radical que moi, tu meurs ! », *France Culture*, 7 septembre 2020.
Silguy, S. de, « Cameron incrimine des sites abjects après le suicide d'une adolescente », *Libération*, 2 septembre 2013.
Thiébaux, A., « Le syndrome de l'imposteur », *Le Journal des femmes*, 15 juin 2020.

Filmographie
Sorry We Missed You, Ken Loach, 2019.
Sybil, Justine Triet, 2019.
C'est arrivé près de chez vous, Rémy Belvaux, André Bonzel, Benoît Poelvoorde, 1992.
Énorme, Sophie Letourneur, 2020
Hantise, George Cukos, 1944
Un jour sans fin, Harold Ramis, 1993

Remerciements

J'adresse mes plus vifs remerciements à mon éditrice de toujours, Mathilde Nobécourt, de qui je ne cesse d'apprendre.

Ce livre a donné lieu à plusieurs discussions au long cours avec des amis, qu'ils soient ici remerciés : Vincent Cespedes, Clément Godart ; et tout particulièrement, Corine Pelluchon, à qui je dois notamment plusieurs références anglo-saxonnes.

Puis ce sont mes étudiants de l'école d'éthique de la Salpêtrière, pour lesquels j'éprouve une grande admiration tant pour leur travail sur le terrain que pour leur travail de pensée, à qui j'adresse ma profonde gratitude ; tout particulièrement, pour leur courage, leur implication et leur confiance, aux docteurs Véronique Lefebvre des Noettes et Cyril Goulenok.

Table

DU MÊME AUTEUR

Je veux donc je peux, Plon, 2007 ; Le Grand Livre du mois, 2008 ; Pocket, 2009 ; Interéditions, 2020.

Au secours j'ai peur d'aimer (avec M.-C. Grall), Plon, 2007 ; Pocket, 2009.

La Sincérité, ce que l'on dit, ce que l'on est, Larousse, « Philosopher », 2008.

Édith Stein, l'amour de l'autre, Les Éditions de l'Œuvre, 2011 ; rééd. Éditions du Toucan, 2014.

Ce qui dépend de moi, Albin Michel, 2011.

Être mieux avec soi-même, Michel Lafon, 2012.

Le Sentiment d'humanité. Manifeste pour un homme libre, Ovadia, 2014.

Je selfie donc je suis. Les métamorphoses du moi à l'ère du virtuel, Albin Michel, 2016.

De la bienveillance envers soi-même et autres discours, Uppr, 2017.

La psychanalyse va-t-elle disparaître ?, Albin Michel, 2018.

La Dernière Héloïse, Ovadia, 2018.

Éthique de la sincérité. Survivre à l'ère du mensonge, Armand Colin, 2020.

Métamorphose des subjectivités :

– vol. I : *Le Sujet de la conscience. Formation*, Hermann, 2020.

– vol. II : *Le Sujet de l'inconscient. Déformation*, Hermann, 2020.

– vol. III : *Le Sujet du virtuel. Transformation*, Hermann, 2020.

Le Meilleur des mondes possibles (avec D. Salvatore-Schiffer, L. Ferry et R. Redeker), Samsa, 2021.

Freud à la plage. La psychanalyse dans un transat, Dunod, 2021.

Le Sentiment d'humanité. Manifeste pour une femme libre, Ovadia, 2021.

Ouvrages collectifs et pédagogiques

Littérature et politique, G. Zorgbibe (dir.), Ellipses, 2003.
La Croyance, H&K, 2004.
La Justice, H&K, 2005.
La Passion, H&K, 2006.
Existe-t-il une Europe philosophique ?, N. Weil (dir.), PUG, 2006.
L'Invention de l'autre, J. Nowicki (dir.), Éditions du Sandre, 2008.
Liquider mai 68 ?, C. Delsol, M. Grimpret (dir.), Presses de la Renaissance, 2008.
Histoires de sincérité, E. Godard (dir.), L'Harmattan, 2010.
Se connaître soi-même, pourquoi ? Comment ?, L'Harmattan, 2013.
L'Arbre à souffles, Éditions Souffles, 2013.
Les Fondements des psychothérapies, M. Vinot-Coubetergues, E. Marc (dir.), Dunod, 2014.
ego//on//line, L'Harmattan, 2017.
Selfie(s) : analyse d'une pratique plurielle, B. Naivin (dir.), Hermann, 2018.
Soigner les soignants. Les soignants à l'épreuve de la crise sanitaire et hospitalière, B. Marc, G. Marc et V. Lefèbvre des Noettes (dir.), MA éditions, 2021.

Composition : IGS-CP
Impression : CPI Bussière en octobre 2021
Éditions Albin Michel
22, rue Huyghens, 75014 Paris
www.albin-michel.fr

ISBN : 978-2-226-44243-7
N° d'édition : 23512/01 – N° d'impression : 2059865
Dépôt légal : novembre 2021
Imprimé en France